中华人民共和国行业推荐性标准

公路桥梁抗风设计规范

Wind-resistant Design Specification for Highway Bridges

JTG/T 3360-01—2018

主编单位：同济大学
批准部门：中华人民共和国交通运输部
实施日期：2019 年 03 月 01 日

人民交通出版社股份有限公司

律师声明

本书所有文字、数据、图像、版式设计、插图等均受中华人民共和国宪法和著作权法保护。未经人民交通出版社股份有限公司同意,任何单位、组织、个人不得以任何方式对本作品进行全部或局部的复制、转载、出版或变相出版。

本书扉页前加印有人民交通出版社股份有限公司专用防伪纸。任何侵犯本书权益的行为,人民交通出版社股份有限公司将依法追究其法律责任。

有奖举报电话:(010) 85285150

北京市星河律师事务所
2020 年 6 月 30 日

图书在版编目(CIP)数据

公路桥梁抗风设计规范:JTG/T 3360-01—2018 / 同济大学主编. — 北京:人民交通出版社股份有限公司,2019.1

ISBN 978-7-114-15231-3

Ⅰ. ①公… Ⅱ. ①同… Ⅲ. ①公路桥—桥梁工程—抗风结构—结构设计—设计规范 Ⅳ. ①U448.142.5-65

中国版本图书馆 CIP 数据核字(2018)第 288892 号

审图号:GS(2019)312 号

标准类型:中华人民共和国行业推荐性标准
标准名称:公路桥梁抗风设计规范
标准编号:JTG/T 3360-01—2018
主编单位:同济大学
责任编辑:李 沛
责任校对:刘 芹
责任印制:刘高彤
出版发行:人民交通出版社股份有限公司
地　　址:(100011)北京市朝阳区安定门外外馆斜街 3 号
网　　址:http://www.ccpcl.com.cn
销售电话:(010)59757973
总 经 销:人民交通出版社股份有限公司发行部
经　　销:各地新华书店
印　　刷:北京市密东印刷有限公司
开　　本:880×1230　1/16
印　　张:11.75
字　　数:254 千
版　　次:2019 年 1 月　第 1 版
印　　次:2020 年 9 月　第 2 次印刷
书　　号:ISBN 978-7-114-15231-3
定　　价:75.00 元

(有印刷、装订质量问题的图书,由本公司负责调换)

中华人民共和国交通运输部

公　告

第 79 号

交通运输部关于发布
《公路桥梁抗风设计规范》的公告

现发布《公路桥梁抗风设计规范》(JTG/T 3360-01—2018)，作为公路工程行业推荐性标准，自 2019 年 3 月 1 日起施行，原《公路桥梁抗风设计规范》(JTG/T D60-01—2004) 及其英文版同时废止。

《公路桥梁抗风设计规范》(JTG/T 3360-01—2018) 的管理权和解释权归交通运输部，日常解释和管理工作由主编单位同济大学负责。

请各有关单位注意在实践中总结经验，及时将发现的问题和修改建议函告同济大学（地址：上海市四平路 1239 号同济大学桥梁馆 313 室，邮政编码：200092）。

特此公告。

中华人民共和国交通运输部
2018 年 11 月 19 日

交通运输部办公厅　　　　　　　　　　　　　　　2018 年 11 月 22 日印发

前 言

根据交通运输部办公厅《关于下达2013年度公路工程行业标准规范制修订项目计划的通知》(交公路字〔2013〕169号)的要求,由同济大学承担对《公路桥梁抗风设计规范》(JTG/T D60-01—2004)(以下简称《规范》04版)的修订工作。

本规范是对《规范》04版的全面修订。经批准颁发后以《公路桥梁抗风设计规范》(JTG/T 3360-01—2018)颁布实施。

本次规范修订工作,系统总结了《规范》04版实施以来我国公路桥梁建设的经验,在充分吸收近年来我国桥梁抗风研究和抗风设计成果的基础上,有针对性地开展了专项支撑科研项目,参考借鉴了欧洲规范、英国BS5400规范、美国公路桥梁设计规范、日本和丹麦的规范或指南及其相关研究成果和工程实践经验,经过反复征求意见和修改,由交通运输部主管部门会同有关部门审查定稿。

本次修订的主要内容包括:增加了基本要求、风致行车安全、虚拟风洞试验、桥址风观测等相关规定;修订了全国基本风速图和风速值表;调整了风速参数确定的相关规定;补充了设计紊流强度的规定;调整并补充了风荷载确定的相关规定;补充了斜拉索与吊杆等动力特性基频估算,修订了阻尼比确定的内容;修订了抗风承载能力极限状态与正常使用极限状态设计的有关规定;补充了减振阻尼器设计的相关规定。

本规范由陈艾荣负责起草第1章、第2章、第3章,陈艾荣、马如进负责起草第4章、第9章与附录A,马如进负责起草第5章、第6章,陈艾荣、王达磊负责起草第7章、第8章,王达磊、马如进负责起草第10章,王达磊负责起草第11章,马如进、刘高负责起草附录B,王达磊、艾辉林负责起草附录C,艾辉林、刘高、刘天成负责起草附录D。

请各单位在执行过程中,将发现的问题和意见,函告本规范日常管理组,联系人:陈艾荣(地址:上海市四平路1239号同济大学桥梁馆313室;邮政编码:200092;电话:021-65981871;传真:021-65984211;E-mail:a.chen@tongji.edu.cn),以便下次修订时参考。

主 编 单 位:同济大学
参 编 单 位:中交公路规划设计院有限公司
　　　　　　　上海矩尺土木科技有限公司
　　　　　　　中交公路长大桥建设国家工程研究中心有限公司

主　　　　编：陈艾荣
主要参编人员：马如进　王达磊　刘　高　艾辉林　刘天成
主　　　　审：吉　林
参与审查人员：陈政清　廖海黎　李龙安　袁　洪　彭元诚　韩大章
　　　　　　　马　骉　周　良　茅兆祥　许福友　刘志文　马人乐
　　　　　　　李加武　王似舜　吴怀义
参 与 人 员：李其恒　崔传杰

目　次

1 总则 ……………………………………………………………………………… 1
2 术语和符号 ……………………………………………………………………… 2
　2.1 术语 …………………………………………………………………………… 2
　2.2 符号 …………………………………………………………………………… 7
3 基本要求 ………………………………………………………………………… 9
　3.1 一般规定 ……………………………………………………………………… 9
　3.2 抗风设计目标及性能要求 …………………………………………………… 10
　3.3 风荷载与其他作用组合 ……………………………………………………… 13
　3.4 桥梁抗风设计流程 …………………………………………………………… 14
4 风速参数 ………………………………………………………………………… 15
　4.1 基本风速 ……………………………………………………………………… 15
　4.2 设计基准风速 ………………………………………………………………… 16
　4.3 设计紊流强度 ………………………………………………………………… 23
5 风荷载 …………………………………………………………………………… 25
　5.1 一般规定 ……………………………………………………………………… 25
　5.2 等效静阵风风速 ……………………………………………………………… 26
　5.3 主梁上的等效静阵风荷载 …………………………………………………… 30
　5.4 桥墩、桥塔、斜拉索、主缆和吊杆（索）上的等效静阵风荷载 ………… 37
　5.5 抖振惯性荷载及其效应 ……………………………………………………… 45
　5.6 施工阶段的风荷载 …………………………………………………………… 47
6 桥梁的动力特性 ………………………………………………………………… 48
　6.1 一般规定 ……………………………………………………………………… 48
　6.2 动力特性计算有限元建模原则 ……………………………………………… 48
　6.3 斜拉桥的基频估算 …………………………………………………………… 50
　6.4 悬索桥的基频估算 …………………………………………………………… 51
　6.5 斜拉索及吊杆的频率估算公式 ……………………………………………… 53
　6.6 桥梁结构的阻尼比 …………………………………………………………… 56
7 抗风承载能力极限状态设计 …………………………………………………… 57
　7.1 一般规定 ……………………………………………………………………… 57
　7.2 静风稳定性 …………………………………………………………………… 57
　7.3 驰振稳定性 …………………………………………………………………… 61

7.4 尾流驰振 65
7.5 颤振稳定性 66
7.6 涡激共振 75
7.7 施工阶段的抗风稳定性检验 75

8 抗风正常使用极限状态设计 77
8.1 一般规定 77
8.2 涡激共振 77
8.3 抖振 81
8.4 斜拉索与吊杆（索） 81
8.5 风振舒适度控制标准 85

9 风致振动控制 87
9.1 一般规定 87
9.2 主梁 87
9.3 桥塔和高墩 90
9.4 斜拉索和吊杆（索） 91

10 风致行车安全 95
10.1 一般规定 95
10.2 风致行车安全评估 95
10.3 风障设计 99

11 风洞试验及虚拟风洞试验 101

附录 A 全国桥梁抗风风险区划图及风速参数分布图表 103
附录 B 桥址风观测基本要求 153
附录 C 风洞试验要求 157
附录 D 虚拟风洞试验要求 167
本规范用词用语说明 179

1 总则

1.0.1 为规范和指导公路桥梁的抗风设计，按照安全可靠、技术先进、经济合理的原则，制定本规范。

条文说明

近年来，我国及世界桥梁的建设得到了快速发展，各类桥梁的建设也得益于抗风设计理论和技术的不断进步。1995年，我国出版了第一部《公路桥梁抗风设计指南》。2004年，在吸收借鉴了欧洲规范、英国BS5400规范、美国公路桥梁设计规范以及日本和丹麦的抗风设计规范或指南，并在我国桥梁抗风研究和已建桥梁实践的基础上，编制并颁布了《公路桥梁抗风设计规范》（JTG/T D60-01—2004），主要用于规范和指导公路桥梁的抗风设计。此次修订吸纳了近年来国内外桥梁成熟的抗风设计经验和研究成果，采用了基于性能的设计思想以及以分项系数表达的极限状态设计方法。

1.0.2 本规范适用于主跨跨径350m以下的梁桥、主跨跨径600m以下的拱桥、主跨跨径1200m以下的斜拉桥、主跨跨径2000m以下的悬索桥以及其他各类公路桥梁的抗风设计。

1.0.3 在设计使用年限内，桥梁结构及构件的抗风性能应满足下列要求：
1 在设计风作用水平或与其他作用效应组合下，应满足规定的强度、刚度及静力稳定性要求。
2 在设计风作用水平下，应满足规定的静风稳定性和气动稳定性要求。
3 在设计风作用水平或与其他作用效应组合下，应满足规定的耐久性、疲劳、行车及行人的安全性与舒适性要求。

1.0.4 应根据桥位风环境、桥型、跨径等因素选择合适的桥梁结构体系及构件气动外形，必要时应通过增设气动措施、附加阻尼措施改善或提高结构抗风性能。

1.0.5 公路桥梁的抗风设计除应符合本规范的要求外，尚应符合国家和行业现行有关标准的规定。

2 术语和符号

2.1 术语

2.1.1 基本风速 basic wind speed
桥梁所在地区开阔平坦地貌条件下，地面以上10m高度、重现期100年（即100年超越概率63.2%）、10min平均的年最大风速。

2.1.2 桥梁设计基本风速 basic wind speed at bridge site
桥位地面（或水面）以上10m高度、重现期100年（即100年超越概率63.2%）、10min平均的年最大风速。

2.1.3 设计基准风速 reference wind speed
桥梁或构件基准高度、重现期100年（即100年超越概率63.2%）、10min平均的年最大风速。

2.1.4 桥梁设计基准风速 bridge reference wind speed
特指桥梁主梁基准高度处的设计基准风速。

2.1.5 风攻角 wind attack angle
风的主流方向与水平面之间的夹角。

2.1.6 风偏角 yaw angle
风的主流方向在水平面的投影与桥轴线的垂直面的夹角，如图2.1.6所示。

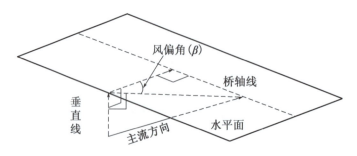

图2.1.6 风偏角定义示意图

2.1.7 阵风系数　gust factor

时距为 1~3s 的瞬时风速与时距为 10min 的平均风速之间的比例系数，如图 2.1.7 所示。

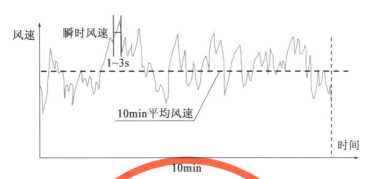

图 2.1.7　阵风系数定义示意图

2.1.8 紊流强度　turbulence intensity

描述脉动风速随时间和空间变化程度的参数，为风速的脉动分量的标准差与平均风速之比。

2.1.9 W1 风作用水平　wind action W1

对应于重现期 10 年（即 10 年超越概率 65.1%）的风作用水平。

2.1.10 W2 风作用水平　wind action W2

对应于重现期 100 年（即 100 年超越概率 63.2%）的风作用水平。

2.1.11 等效静阵风系数　equivalent static gust wind factor

考虑紊流强度、脉动空间相关性、加载长度（或高度）和结构构件离地面（或水面）高度等因素的顺风向风荷载加载时的风速比例系数。

2.1.12 地表粗糙高度　terrain roughness height

反映大气边界层中地表起伏或地物高矮稀密程度的参数。

2.1.13 气动力　aerodynamic force

风对结构构件所产生的气动作用力的总称。

2.1.14 气动力系数　aerodynamic force coefficients

表征在风作用下结构构件所受气动力大小的无量纲参数。

2.1.15　静气动力　aerostatic force
表征平均风作用在结构构件上的静力作用力。在横桥向风作用下，对主梁可以用静力三分力表示，在体轴上称为横桥向力、竖向力和扭转力矩，在风轴上称为阻力、升力和扭转力矩。相应的气动力系数在体轴上称为横桥向力系数、竖向力系数和扭转力矩系数，在风轴上称为阻力系数、升力系数和扭转力矩系数。

2.1.16　静力稳定性　static stability
结构或构件在静力荷载作用下维持平衡状态的能力。

2.1.17　静风稳定性　aerostatic stability
在静气动力作用下，结构的变形所引起的附加气动力超过了结构抵抗能力的增量而出现变形不断增大的失稳或发散现象，称为静风失稳，包含静风横向失稳与静风扭转发散。静风稳定性为桥梁在静气动力作用下维持平衡状态而不出现静风失稳的能力。

2.1.18　静风横向失稳　aerostatic lateral buckling
横向静风荷载值超过桥梁主梁横向失稳临界荷载值时出现的失稳现象。

2.1.19　静风扭转发散　aerostatic torsional divergence
在风的静力扭转力矩作用下，桥梁主梁扭转变形的附加攻角所产生的气动力矩增量超过了结构抵抗力矩的增量，出现扭转角不断增大的发散现象。

2.1.20　气动失稳　aerodynamic instability
振动的桥梁或构件由于气流的反馈作用不断吸取能量，其振动振幅逐步或突然增大的发散性自激振动失稳现象，主要表现为颤振和驰振两种形式。

2.1.21　颤振　flutter
振动的桥梁或构件通过气流的反馈作用不断吸取能量，扭转振幅逐步或突然增大的发散性自激振动失稳现象。

2.1.22　驰振　galloping
振动的桥梁或构件通过气流的反馈作用不断吸取能量，横风向弯曲振幅逐步增大的发散性自激振动失稳现象。

2.1.23　尾流驰振　wake galloping
一定距离内的并列结构或构件在上游结构或构件的尾流诱发下，下游结构或构件产生的一种驰振现象。

2.1.24 涡激共振 vortex resonance

风经过结构时产生漩涡脱落，当漩涡脱落频率与结构或构件的自振频率接近或相等时，由涡激力所激发出的结构或构件的一种共振现象。

2.1.25 抖振 buffeting

在风的脉动力、上游构造物尾流的脉动力或风绕流结构的紊流脉动力的作用下，结构或构件发生的一种随机振动现象。

2.1.26 抖振惯性荷载 buffeting inertial load

结构抖振引起的惯性作用力。

2.1.27 风雨激振 wind-rain induced vibration

拉索或吊索在风和雨共同作用下发生的一种驰振现象。

2.1.28 参数共振 parameter oscillation

桥面或桥塔在斜拉索弦长方向的小幅振动引起的一种斜拉索横向振动放大现象。

2.1.29 线性内部共振 linearly internal resonance oscillation

桥面或桥塔在垂直于斜拉索弦长方向的小幅振动引起的一种斜拉索横向振动放大现象。

2.1.30 静风失稳临界风速 critical wind speed of aerostatic instability

结构发生静风横向失稳和静风扭转发散的最低风速，相应的临界风速也称为静风横向失稳临界风速和静风扭转发散临界风速。

2.1.31 颤振临界风速 flutter critical wind speed

结构或构件发生颤振的最低风速。

2.1.32 驰振临界风速 galloping critical wind speed

结构或构件发生驰振的最低风速。

2.1.33 涡激共振起振风速 vortex resonance onset wind speed

结构或构件发生涡激共振的最低风速。

2.1.34 风洞 wind tunnel

以人工的方式产生并且控制有一定流动特性的气流，用来模拟试验对象周围气体的流动情况，并根据相似性原理进行各种空气动力学试验的一种管道状试验设备。

2.1.35 虚拟风洞　virtual wind tunnel

基于计算流体动力学的基本原理，通过计算机模拟生成均匀流或紊流风场，并对风场中的结构或构件的绕流、气动力、气弹现象等进行模拟及计算分析的仿真技术。

2.1.36 风洞试验　wind tunnel testing

在风洞中，研究气体流动及其与结构和构件的相互作用，以获取风环境参数、结构气动力、验证抗风性能的试验。

2.1.37 虚拟风洞试验　virtual wind tunnel testing

在虚拟风洞中，研究气体流动及其与结构和构件的相互作用，以获取风环境参数、结构气动力、验证抗风性能的试验。

2.1.38 节段模型试验　sectional model testing

将结构或构件的代表性节段加工成或模拟成刚性模型，所进行的获取结构风致响应、检验抗风性能的试验。

2.1.39 静气动力试验　aerostatic force testing

获取结构或构件静气动力的试验。

2.1.40 节段模型振动试验　sectional model vibration testing

利用节段模型测试结构或构件振动响应的试验。

2.1.41 桥塔模型试验　bridge pylon model testing

利用桥塔模型测试桥塔静气动力或振动响应的试验。

2.1.42 全桥气动弹性模型试验　full bridge aeroelastic model testing

将桥梁结构按一定相似条件加工成或模拟成三维弹性模型，利用该模型进行的获取结构风致响应以及检验抗风性能的试验。

2.1.43 桥址风环境地形模拟试验　bridge site topographic wind environment testing

考虑桥址所在地及其周边一定范围内的地形、建筑物等影响，获取桥址风参数及其分布的试验。

2.1.44 桥面行车风环境试验　bridge deck wind environment testing

考虑桥塔、桥头建筑、拱肋及桁架等对行车的影响所进行的获取桥面行车高度范围的风速剖面及绕流特征的试验。

2.1.45 风致振动控制 wind induced vibration control

提高或改善结构或构件抗风性能的技术，包括增设气动措施、附加阻尼措施、增加结构措施等。

2.1.46 风障 wind screen

安装在主梁上降低桥面侧向风速影响以提高桥面行车安全性和舒适性的一种结构，一般由立柱、障条、锚固与减振等组成。

2.1.47 风障挡风率 solid ratio of wind screen

风障正立面实体部分面积与风障外轮廓总面积的比值。

2.2 符号

B——主梁的特征宽度；
b——主梁特征宽度的一半；
D——主梁的特征高度；
D_c——拉索或吊杆的外径；
F_p——单位长度上的风荷载；
F_g——单位长度上的等效静阵风荷载；
F_H——体轴坐标系中单位长度上的水平向风荷载；
F_V——体轴坐标系中单位长度上的垂直向风荷载；
F_D——风轴坐标系中单位长度上的顺风向风荷载；
F_L——风轴坐标系中单位长度上的横风向风荷载；
f——频率；
H——桥塔高度；
G_V——等效静阵风系数；
g——重力加速度；
I_f——颤振稳定性指数；
I_u, I_v, I_w——纵向、横向、垂直向脉动风速设计紊流强度；
I_y, I_z——截面的主形心轴惯性矩；
I_d——截面的自由扭转常数；
I_m——主梁的单位长度质量惯性矩；
I_ω——截面的约束扭转常数；
L——桥梁主跨跨径；
l——拉索或吊杆的长度；
m——结构单位长度质量；
r——截面惯性半径；
U_{10}——基本风速；

U_{s10}——桥梁设计基本风速；

U_{cg}——驰振临界风速；

U_d——设计基准风速；

U_f——颤振临界风速；

U_g——等效静阵风风速；

U_{sd}——施工阶段的设计风速；

U_{vh}——竖向涡激共振起振风速；

U_{vt}——扭转涡激共振起振风速；

U_Z——距地面（或水面）高度 Z 处的风速；

Z——构件的基准高度；

z_0——地表粗糙高度；

α——风攻角；

α_0——地表粗糙度系数；

β——风偏角；

δ——对数衰减率；

δ_0——梯度风高度；

η_α——非0°攻角下相对0°攻角的颤振临界风速的无量纲修正系数；

η_s——非平板主梁截面的颤振临界风速形状无量纲修正系数；

μ——结构物与空气的密度比；

ρ——空气密度；

ζ_s——结构的阻尼比。

3 基本要求

3.1 一般规定

3.1.1 桥梁的抗风设计应考虑风的静力作用与动力作用,并根据不同的抗风性能要求按承载能力极限状态和正常使用极限状态进行设计和检验。

条文说明

风对桥梁结构的作用效应一般分为静力效应、静风效应和动力效应。静力效应主要表现为结构产生的变形与内力以及静力失稳;静风效应主要表现为风引起的结构静风失稳,如静风扭转发散和静风横向失稳;动力效应包含抖振和涡激共振等有限振幅振动,以及颤振和驰振等气动失稳现象。表3-1给出了风对桥梁结构作用的效应分类。

表 3-1 风对桥梁结构作用的效应分类

效应分类			作 用
静力效应	内力和变形		风荷载的静力作用或与其他荷载的组合静力作用
	静力失稳		
静风效应	静风扭转发散		风的静力扭矩作用
	静风横向失稳		风的静力阻力与扭矩共同作用
动力效应	抖振		紊流风随机激励作用
	涡激共振		漩涡脱落频率与结构自振频率相近或相等时的涡激力作用
	驰振		结构振动自激力的气动负阻尼作用
	颤振	扭转颤振	
		弯扭耦合颤振	结构振动自激力的气动阻尼及刚度作用

3.1.2 应根据桥址风环境、桥型、跨径、结构体系、结构或构件外形等因素对桥梁风致振动的可能性进行评估。

条文说明

表3-2为日本《公路桥梁抗风设计指南》给出的斜拉桥、悬索桥和钢梁桥风致振动可能性的简易判别条件。

表3-2 桥梁结构风致振动可能性简易判别条件

桥 型	主梁形式	判别条件	可能风致振动问题
悬索桥 斜拉桥	桁架	$LU_d/B > 350$	颤振
	开口断面	$LU_d/B > 350$	颤振
		$LU_d/B > 330$,$B/D < 5$,$I_u < 0.15$,钢梁	驰振
		$LU_d/B > 200$,$I_u < 0.20$	涡激共振
	闭口断面	$LU_d/B > 520$	颤振
		$LU_d/B > 330$,$B/D < 5$,$I_u < 0.15$,钢梁	驰振
		$LU_d/B > 200$,$I_u < 0.20$	涡激共振
钢梁桥	板梁或箱梁	$LU_d/B > 330$,$B/D < 5$,$I_u < 0.15$	驰振
		$LU_d/B > 200$,$I_u < 0.20$	涡激共振

3.1.3 当判定结构或构件在风作用下存在疲劳问题时，应进行抗疲劳设计。

3.1.4 当判定桥面高度处风对行车安全及舒适性存在影响时，应按本规范第10章的规定进行相应的风致行车安全评估及设计。

3.2 抗风设计目标及性能要求

3.2.1 桥梁抗风风险区域应根据基本风速大小按表3.2.1进行划分，风险区域可按本规范附录A.1全国桥梁抗风风险区划图选取。

表3.2.1 桥梁抗风风险区域划分标准

风 险 区 域	基本风速 U_{10}
R1	$U_{10} \geq 32.6\text{m/s}$
R2	$24.5\text{m/s} \leq U_{10} < 32.6\text{m/s}$
R3	$U_{10} < 24.5\text{m/s}$

条文说明

对全国761个气象台站的数据统计分析表明，所有气象台站的基本风速平均值为

29.1m/s。将桥梁所在地区根据基本风速的大小划分为三类风险区域，分别对应为R1、R2和R3，三类等级所对应的风速范围的概率水平相接近，并考虑到气象意义上风力等级已被广泛接受，因此将三类等级与风力水平相衔接，其中R1为十二级或超过十二级大风，R2介于十级风与十一级大风之间，R3为不大于九级风。表3-3给出了气象上的风力等级及对应的风速范围。

表3-3　风力等级及对应的风速范围

风力等级	海面情况 浪高（m）		海岸渔船征象	陆地地面物征象	风速范围（m/s）
	一般	很高			
0	—	—	静	静、烟直上	0～0.2
1	0.1	0.1	寻常渔船略觉摇晃	烟能表示风向，但风向标不能转动	0.3～1.5
2	0.2	0.3	渔船张帆时，可随风移行2～3km/h	人面感觉有风，树叶有微响，风向标能转动	1.6～3.3
3	0.6	1.0	渔船渐觉簸动，随风移行5～6km/h	树叶及微枝摇动不息，旌旗展开	3.4～5.4
4	1.0	1.5	渔船满帆时倾于一方	能吹起地面灰尘和纸张，树的小枝摇动	5.5～7.9
5	2.0	2.5	渔船缩帆（即帆收去的一部分）	有叶的小树摇摆，内陆的水面有小波	8.0～10.7
6	3.0	4.0	渔船加倍缩帆，捕鱼须注意风险	大树枝摇动，电线呼呼有声，举伞困难	10.8～13.8
7	4.0	5.5	渔船停泊港中，在海中者下锚	全树摇动，迎风步行感觉不便	13.9～17.1
8	5.5	7.5	近港的渔船皆停留不出	微枝折毁，人向前行感觉阻力甚大	17.2～20.7
9	7.0	10.0	汽船航行困难	烟囱顶部及平瓦移动，小屋有损	20.8～24.4
10	9.0	12.5	汽船航行颇危险	陆上少见，见时可使树木拔起或将建筑物吹毁	24.5～28.4
11	11.5	16.0	汽船遇之极危险	陆上少见，有时必有重大损毁	28.5～32.6
12	14.0	—	海浪滔天	陆上罕见，其摧毁力极大	>32.6

3.2.2　桥梁的抗风设计按W1风作用水平和W2风作用水平确定，对应风速取值及设计目标应满足表3.2.2的规定。

表3.2.2　桥梁抗风设计风作用水平及相应的设计目标

风作用水平	设计风速取值	设计目标
W1	①重现期10年（即10年超越概率65.1%）的设计风速；②当按①确定的主梁上的风速值大于25m/s时，取25m/s	①与车辆等作用组合，应满足规定的强度、静力稳定性及耐久性要求；②应满足规定的疲劳、行车及行人的安全性及舒适度要求；③在W1风作用水平及以下风速范围不应发生影响正常使用的涡激共振

表 3.2.2（续）

风作用水平	设计风速取值	设 计 目 标
W2	①重现期100年（100年超越概率63.2%）的设计风速	①应满足规定的强度、刚度及静力稳定性要求；②应满足规定的静风稳定性和气动稳定性要求；③在W1风作用水平及W2风作用水平风速范围内不应发生涡激共振

条文说明

W1和W2两个风作用水平对应的风速分别为重现期10年（10年超越概率65.1%）与重现期100年（100年超越概率63.2%）对应的风速值。设计基准期内的超越概率与重现期的关系可以用式（3-1）表示。

$$P_{\mathrm{T}}(t \leq t_{\mathrm{L}}) = 1 - (1-p)^{t_{\mathrm{L}}} \tag{3-1}$$

式中：$P_{\mathrm{T}}(t \leq t_{\mathrm{L}})$ ——设计基准期内的超越概率；

t_{L} ——设计基准期（年）；

p ——年超越概率，一般取 $1/t_{\mathrm{L}}$。

W1风作用水平体现了频遇荷载的概念，本规范取用了重现期10年（10年超越概率65.1%）作为W1风作用水平的风速取值依据，并另外规定以主梁高度处25m/s的风速作为与车辆荷载组合的风速限值。

3.2.3 桥梁抗风性能的设计参数应按表3.2.3确定。

表 3.2.3 桥梁抗风性能的设计参数

风作用水平	作 用 效 应	设 计 参 数	设 计 状 态
W1	风荷载效应	内力、应力、静力稳定性等	承载能力极限状态
W1	风荷载效应	挠度、裂缝宽度等	正常使用极限状态
W1	涡激共振	振幅、加速度、起振风速、等效应力幅	正常使用极限状态
W2	风荷载效应	内力、应力、静力稳定性等	承载能力极限状态
W2	静风稳定性	临界风速	承载能力极限状态
W2	涡激共振	起振风速	承载能力极限状态
W2	颤振	临界风速	承载能力极限状态
W2	驰振	临界风速	承载能力极限状态

3.3 风荷载与其他作用组合

3.3.1 风荷载与其他作用的组合应符合现行《公路桥涵设计通用规范》(JTG D60)的规定，并应遵循下列原则：

1 当风荷载与汽车荷载及相关作用组合时，风荷载按 W1 风作用水平确定。
2 在 W2 风作用水平下进行相关极限状态设计时，汽车荷载不参与荷载组合。

3.3.2 风荷载与其他作用组合时的分项系数、组合值系数应按下列原则确定：

1 按承载能力极限状态设计时，在风荷载作为主要可变作用的基本组合中，风速按 W2 风作用水平选取，汽车荷载不参与组合，风荷载的分项系数 $\gamma_{Q_j} = 1.4$。
2 按承载能力极限状态设计时，在车辆荷载或其他可变作用作为主要可变作用的基本组合中，风速按 W1 风作用水平选取，风荷载的分项系数 $\gamma_{Q_j} = 1.1$，组合值系数 $\psi_c = 1.0$。
3 按正常使用极限状态设计时，风速按 W1 风作用水平选取，风荷载的频遇值系数 ψ_f 和准永久值系数 ψ_q 均取 1.0。

条文说明

现行《公路桥涵设计通用规范》(JTG D60) 中规定了基本组合为永久作用设计值和可变作用设计值的组合。实际应用中取某个荷载为主要可变作用，其他荷载参与组合。风荷载存在两种可能组合的情况：①风荷载作为主要可变作用；②车辆荷载或其他作用组合作为主要可变作用，风荷载参与组合。两组情况分别按两种风作用水平选取设计风速。

3.4 桥梁抗风设计流程

3.4.1 桥梁结构抗风设计的流程可按图 3.4.1 进行。

条文说明

桥梁抗风设计贯穿于桥梁设计的各个阶段，可根据桥梁所在地的风险区域和结构特征分步骤实施。对风动力作用不敏感的结构或构件，设计中可仅考虑风的静力作用效应；对风动力作用敏感的结构或构件，需要同时进行风的静力和动力作用下的抗风设计。对风致行车安全有影响的桥梁，还需要考虑风致行车安全等问题。

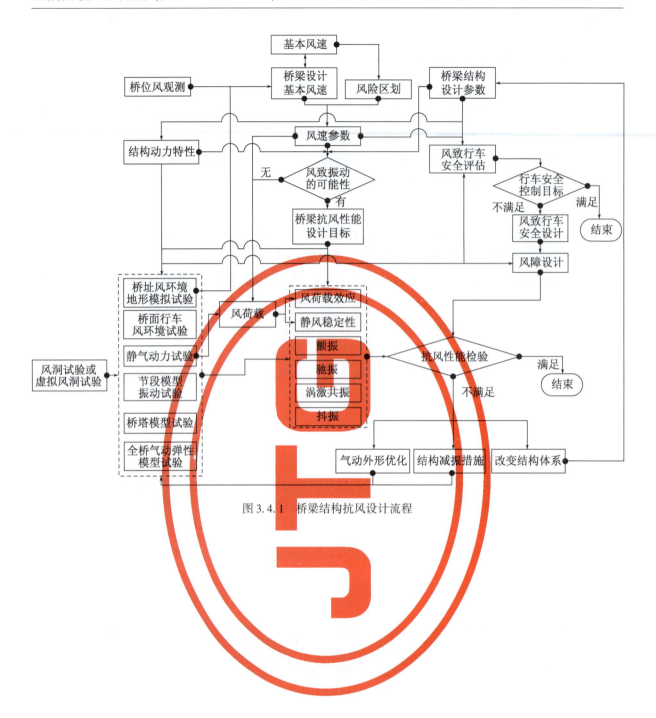

图 3.4.1 桥梁结构抗风设计流程

4 风速参数

4.1 基本风速

4.1.1 当桥梁所在地区的气象台站具有足够的连续风观测数据时，宜采用当地气象台站10min平均年最大风速的概率分布模型，推算重现期100年（100年超越概率63.2%）的风速数学期望值作为基本风速 U_{10}。

4.1.2 当缺乏风观测资料时，桥梁所在地区的基本风速可依据本规范附录A.2全国基本风速分布值及分布图或本规范附录A.3全国主要地区不同重现期的风速值，按较大值选取。

条文说明

本规范附录A.2与A.3中给出的风速取值，是以我国761个基本气象观测台站自建站起至2015年间记录的风速气象资料为依据分析得到的，所采用的气象台站历史数据覆盖时间为1953—2015年。此次所提供的基本风速值和其他不同重现期的风速值是采用预测均值匹配法对缺失数据进行插补，利用四阶线性矩检验法确定各台站极值风速并拟合出最优概率模型及分布参数，在满足99%保证率基础上按不同重现期计算得到的。

4.1.3 全国各气象台站风速概率分布模型及参数值可按本规范附录A.4选取。

条文说明

由于全国各个气象台站的历史数据在区域分布上差异较大，概率分布模式不尽相同，极值风速的计算若采用单一的极值分布类型是不尽合理的。为充分考虑母样本数据的统计特征，需要根据分布条件选择最优的概率模型，再对极值风速进行预测。四阶线性矩检验法根据概率密度分布函数与样本之间的四阶线性矩系数之差的绝对值最小来确定最优的概率密度模型函数。此次极值风速的计算，根据该方法从广义极值分布、皮尔逊Ⅲ型分布、广义逻辑分布、广义帕累托分布及广义正态分布中确定最优的分布函数，以及相应的位置参数、尺度参数和形状参数，并利用最优模型及参数预测得到基本风速。

本规范附录A.4中的概率分布模型是根据气象台站的历史数据拟合得到的。利用该模型得到的不同重现期下的风速值可能与本规范附录A.2和附录A.3存在一定差别，其原因在于本规范附录 A.2 和附录 A.3 中的风速值经过了相邻气象台站的相关性修正。

4.1.4 当从气象台站统计分析或通过本规范附录 A 获得的基本风速 U_{10} 小于 24.5m/s 时，U_{10} 应取为 24.5m/s。

条文说明

为确保桥梁具有基本的抗风能力，根据能力设计的思想，本规范规定了最低基本风速 24.5m/s 的要求。

4.2 设计基准风速

4.2.1 地表粗糙度系数 α_0 及地表粗糙高度 z_0 可按表 4.2.1 的规定选取；当桥位周边粗糙度存在差异时，可按下列方法确定：

1 当所考虑范围内存在两种粗糙度相差较大的地表类别时，地表粗糙度系数可取两者的平均值。

2 当所考虑范围内存在两种相近地表类别时，可按地表粗糙度系数较小者取用；当桥梁上下游侧地表类别不同时，可按地表粗糙度系数较小一侧取值。

3 地表粗糙度系数影响范围可根据结构构件的最大高度 h_a 与长度 l_a 按图 4.2.1 选取。

表 4.2.1 地 表 分 类

地表类别	地 表 状 况	地表粗糙度系数 α_0	地表粗糙高度 z_0（m）
A	海面、海岸、开阔水面、沙漠	0.12	0.01
B	田野、乡村、丛林、平坦开阔地及低层建筑物稀少地区	0.16	0.05
C	树木及低层建筑物等密集地区、中高层建筑物稀少地区、平缓的丘陵地	0.22	0.3
D	中高层建筑物密集地区、起伏较大的丘陵地	0.30	1.0

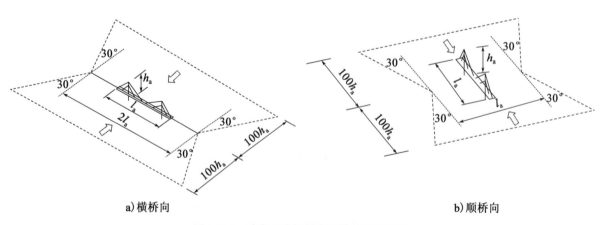

a) 横桥向　　　　　　　　　　　　b) 顺桥向

图 4.2.1 确定地表粗糙度系数的影响范围

条文说明

在大气边界层内，风速随离地高度逐渐增大。风速随高度增大的规律，主要取决于地表类别和温度垂直梯度。通常认为在离地面高度为 300~500m 时，风速不再受地表类别的影响，也即达到所谓"梯度风速"，该高度称之为梯度风高度 δ_0。本规范各类地表类别的地表粗糙度系数 α_0 分别取为 0.12、0.16、0.22 和 0.30，地表粗糙高度 z_0 分别取为 0.01m、0.05m、0.3m 和 1.0m，梯度风高度 δ_0 分别取为 300m、350m、400m 和 450m。图 4-1 给出了不同地表类别下的风速剖面变化规律及相应的梯度风高度，当到达梯度风高度之后认为风速不变。

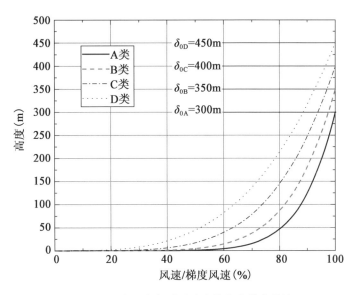

图 4-1 四种地表类别下风速沿高度分布曲线

4.2.2 桥梁各构件基准高度 Z 可按表 4.2.2 取用。

表 4.2.2 基准高度 Z 的确定方法

构 件	悬索桥、斜拉桥	拱 桥	其他桥型
主梁	主梁主跨桥面距水面或地面的平均高度		取下列两条中的较大值：①支点平均高度 +（桥面最大高程 - 支点平均高程）×0.8；②桥梁设计高度
吊杆、拉索或主缆	构件的平均高度距水面或地面的高度	吊杆的中点距水面或地面的高度	—
桥塔（墩、柱）	水面或地面以上塔（墩、柱）65%高度处	立柱的中点距水面或地面的高度	水面或地面以上塔（墩、柱）65%高度处
拱肋	—	拱顶距水面或地面的高度	—

注：水面以河流或海面的最低水位作为参考面。

4.2.3 跨越深切河谷或山谷的桥梁及构件的基准高度 Z 可根据图 4.2.3 按下列方法选取：

1 桥梁主梁的基准高度 Z，可按式（4.2.3）确定：

$$Z = \frac{2}{3} \times Z_h \tag{4.2.3}$$

式中：Z_h——桥面距水面或谷底的高度。

2 除主梁外其他构件的基准高度 Z 可取构件中点位置或桥塔65%高度位置与地面或水面之间的距离。

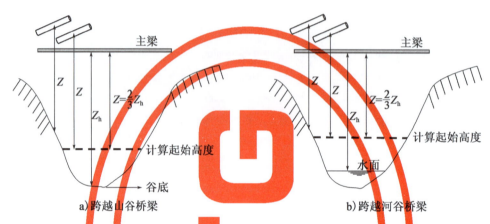

图 4.2.3 跨越深切河谷或山谷桥梁的基准高度示意

条文说明

跨越河谷或山谷桥梁主梁的基准高度是基于横桥向风荷载位移等效的原则得到的，经过多座已建桥梁的验证，该方法是合理的。

4.2.4 桥梁设计基本风速 U_{s10} 可根据桥地表类别按式（4.2.4）计算：

$$U_{s10} = k_c U_{10} \tag{4.2.4}$$

式中：k_c——基本风速地表类别转换系数，按表 4.2.4 取值；
U_{10}——基本风速（m/s）。

表 4.2.4 基本风速地表类别转换系数 k_c

地表类别	A	B	C	D
转换系数 k_c	1.174	1.0	0.785	0.564

条文说明

根据基本风速的定义，U_{10} 为桥梁所在地区 B 类地表地面以上 10m 高度处的风速值。而桥梁设计基本风速 U_{s10} 为桥址离开地面（或水面）10m 高度处的风速值，其转换依据是保持梯度风高度处风速一致。以 A 类地表为例，梯度风高度 δ_0 为 300m，B 类地表的梯度风高度 δ_0 为 350m，根据两类地表的梯度风高度处风速一致性可得：

$$U_{s10}\left(\frac{300}{10}\right)^{0.12} = U_{10}\left(\frac{350}{10}\right)^{0.16} \tag{4-1}$$

计算可得：

$$U_{s10} = 1.174 U_{10} \tag{4-2}$$

对于 C 类和 D 类地表，按同样方法可得到相应的地表类别转换系数分别为 0.785 和 0.564。

4.2.5 当桥址处风观测数据不充分或桥址所在地区的气象台站与桥址相距较远且与附近气象台站的地形地貌相差较大时，对风作用敏感的重要桥梁，宜设立桥址风观测站并按本规范附录 B 的规定进行风观测获取桥梁设计基本风速。当风观测得到的桥梁设计基本风速 U_{s10} 转换为基本风速 U_{10} 小于 24.5m/s 时，基本风速取为 24.5m/s。

条文说明

通过风观测可以确定桥梁设计基本风速。表 4-1 给出了 10 座通过风观测获取桥梁设计基本风速的案例。

表 4-1 通过风观测确定桥梁设计基本风速的工程示例

桥 名	桥 型	主跨跨径（m）	地表特征
苏通长江大桥	斜拉桥	1 088	宽阔江面
鄂东长江大桥	斜拉桥	926	江面
广州江顺大桥	斜拉桥	700	江面
港珠澳大桥	斜拉桥	458	宽阔海面
润扬长江大桥悬索桥	悬索桥	1 490	江面
矮寨大桥	悬索桥	1 176	峡谷
坝陵河大桥	悬索桥	1 088	峡谷
泰州长江大桥	悬索桥	1 080	江面
四渡河大桥	悬索桥	900	峡谷
北盘江大桥（镇胜高速公路）	悬索桥	636	峡谷

4.2.6 桥梁或构件基准高度 Z 处的设计基准风速可按式（4.2.6-1）、式（4.2.6-2）计算：

$$U_d = k_f \left(\frac{Z}{10}\right)^{\alpha_0} U_{s10} \tag{4.2.6-1}$$

或

$$U_d = k_f k_t k_h U_{10} \tag{4.2.6-2}$$

式中：U_d——桥梁或构件基准高度 Z 处的设计基准风速（m/s）；

α_0——桥址处的地表粗糙度系数，可按表 4.2.1 选取；

k_f——抗风风险系数，根据桥梁抗风风险区域按表 4.2.6-1 确定；

k_t——地形条件系数，对于平坦开阔地形取 1.0，对峡谷谷口、山口可取 1.2～1.5；对重要桥梁，可通过风洞试验或虚拟风洞试验获得，且不应小于 1.0；

k_h——地表类别转换及风速高度修正系数，可按照构件的参考高度由表 4.2.6-2 选取，也可按式（4.2.6-3）～式（4.2.6-6）确定；当计算确定的系数小于 1.0 或大于 1.77 时，应按表 4.2.6-2 选取。

表 4.2.6-1 抗风风险系数 k_f

风险区域	R1	R2	R3
基本风速 U_{10}（m/s）	$U_{10} > 32.6$	$24.5 < U_{10} \leq 32.6$	$U_{10} \leq 24.5$
抗风风险系数 k_f	1.05	1.02	1.00

表 4.2.6-2 地表类别转换及风速高度修正系数 k_h

基准高度 Z (m)	地表类别			
	A	B	C	D
5	1.08	1.00	0.86	0.79
10	1.17	1.00	0.86	0.79
15	1.23	1.07	0.86	0.79
20	1.28	1.12	0.92	0.79
30	1.34	1.19	1.00	0.85
40	1.39	1.25	1.06	0.85
50	1.42	1.29	1.12	0.91
60	1.46	1.33	1.16	0.96
70	1.48	1.36	1.20	1.01
80	1.51	1.40	1.24	1.05
90	1.53	1.42	1.27	1.09
100	1.55	1.45	1.30	1.13
150	1.62	1.54	1.42	1.27
200	1.68	1.62	1.52	1.39
250	1.73	1.67	1.59	1.48
300	1.77	1.72	1.66	1.57
350	1.77	1.77	1.71	1.64
400	1.77	1.77	1.77	1.71
≥450	1.77	1.77	1.77	1.77

$$k_{hA} = 1.174 \left(\frac{Z}{10}\right)^{0.12} \quad (4.2.6\text{-}3)$$

$$k_{hB} = 1.0 \left(\frac{Z}{10}\right)^{0.16} \quad (4.2.6\text{-}4)$$

$$k_{hC} = 0.785\left(\frac{Z}{10}\right)^{0.22} \quad (4.2.6\text{-}5)$$

$$k_{hD} = 0.564\left(\frac{Z}{10}\right)^{0.30} \quad (4.2.6\text{-}6)$$

条文说明

风速随高度的变化比较复杂，既受地表类别的影响，又受温度的影响。工程上普遍采用对数律公式或指数律公式来描述风速随高度变化的规律。本规范中采用了指数律来表示风速沿高度的分布。考虑到基本风速高的区域，一般都处于强风、台风多发地区，本规范提出了抗风风险系数，是基于风险区域划分确定的。R1、R2、R3所对应的抗风风险系数相当于风速重现期分别为150年、120年和100年的风速提高系数。

4.2.7 河谷或山谷的地表粗糙度系数可按C类或D类地表类别确定，当桥梁结构对风致振动敏感时宜通过模拟地形的风洞试验和虚拟风洞试验等方法确定，并应满足本规范附录C.7、附录D.5的相关规定。

条文说明

多座跨越河谷或山谷的桥梁的桥位风观测以及地形风环境风洞试验研究表明，桥位处的风速分布一般符合C类或D类的地表类别的风速分布。表4-2给出了部分桥梁通过风洞试验和虚拟风洞试验所获取的地表类别。

表4-2 部分跨越河谷或山谷的桥梁的地表类别确定方法示例

桥 名	桥 型	主跨跨径（m）	地形	确定方法			地表类别
				风洞试验	虚拟风洞试验	桥位风观测	
北盘江大桥（镇胜高速公路）	悬索桥	636	峡谷	√	√	√	D
北盘江大桥（杭瑞高速公路）	斜拉桥	720	峡谷		√		D
抵母河大桥	悬索桥	538	峡谷		√		D
四渡河大桥	悬索桥	900	峡谷	√	√		D
坝陵河大桥	悬索桥	1 088	峡谷	√	√	√	D
矮寨大桥	悬索桥	1 176	峡谷	√	√	√	D
鸭池河大桥	悬索桥	800	峡谷	√	√		D
贵州赫章大桥	梁桥	180	河谷		√		C

4.2.8 在缺少桥位与周边气象台站的风速相关性的条件下，桥梁或构件的设计基准风速U_d可按桥址与周边气象台站梯度风速一致的原则，按式（4.2.8-1）、式（4.2.8-2）确定：

$$U_{\mathrm{d}} = \lambda_z U_{\delta s} \tag{4.2.8-1}$$

$$U_{\delta s} = \sum_{i=1}^{n} \eta_i U_{\delta i} = \eta_1 U_{\delta 1} + \eta_2 U_{\delta 2} + \cdots + \eta_n U_{\delta n} \tag{4.2.8-2}$$

式中：λ_z——基准高度 Z 处风速比例因子，即基准高度处风速与桥位梯度风速的比例系数，可由模拟地形的风洞试验和虚拟风洞试验得到；

$U_{\delta s}$——桥址处梯度风速（m/s）；

n——桥位附近气象台站的个数，不应小于3个；

$U_{\delta i}$——第 i 个气象台站梯度风速（$i=1,2,\cdots,n$）（m/s）；

η_i——第 i 个气象台站的梯度风速加权系数，设第 i 个气象台站与桥位现场之间的距离为 d_i（$i=1,2,\cdots,n$），η_i 可按式（4.2.8-3）确定。

$$\eta_i = \frac{\dfrac{1}{d_i}}{\dfrac{1}{d_1} + \dfrac{1}{d_2} + \cdots + \dfrac{1}{d_n}} \tag{4.2.8-3}$$

条文说明

以某山区桥梁为例，通过地形风环境模拟试验获得了风速沿高度的分布规律以及梯度风速，桥面高度处风速与梯度风速之间的比例系数 λ_z 为0.63。而桥位与相邻三个气象台站的距离分别为50km、37km、43km，三个气象台站的基本风速分别为23.7m/s、24.5m/s、25.2m/s，根据气象台站的地形地貌特征，推算出相应梯度风速分别为41.9m/s、43.4m/s、44.6m/s。根据式（4.2.8-2）可以计算出桥位处梯度风速为43.4m/s。通过地形风环境风洞试验获得 λ_z 为0.63，则该桥梁的设计基准风速为27.3m/s。

4.2.9 施工阶段的设计风速可按式（4.2.9）确定：

$$U_{\mathrm{sd}} = k_{\mathrm{sf}} U_{\mathrm{d}} \tag{4.2.9}$$

式中：U_{sd}——施工阶段设计风速（m/s）；

k_{sf}——施工期抗风风险系数，一般可由表4.2.9选用，也可根据桥梁具体情况和不同的抗风设计目标通过风险评估确定。

表4.2.9 施工期抗风风险系数 k_{sf}

桥梁施工年限（年）	风险区域		
	R1	R2	R3
≤3	0.88	0.84	0.78
>3	0.92	0.88	0.84

条文说明

桥梁施工期间的抗风设计需要考虑所处的风险区域、施工周期、抗风设计目标，以及风险损失大小等因素。考虑到施工期间遭遇极值风速的概率不能与使用期等同，一般通过施工年限和不超过成桥设计风速的概率（如取80%）综合确定。不超过的概率可表示为：

$$P = (1 - 1/R)^T \tag{4-3}$$

式中：P——不超过的概率；

T——施工年限（年）；

R——重现期（年）。

施工期的抗风风险系数是根据表4-3与表4-4综合确定的。另外，结合风险评估、桥梁抗风关键状态的辨识、施工周期的合理安排，以及不同的抗风设计目标，采用风险管理方法合理确定施工期的桥梁抗风风险系数也是可取的。

表4-3 风速重现期 R 与不超过的概率 P 和施工年限 T 的关系

不超过的概率 P	施工年限 T					
	1年	2年	3年	5年	10年	20年
0.95	20.0	39.5	59.0	98.0	195	390
0.90	10.0	19.5	29.0	48.0	95.4	190
0.85	6.7	12.8	19.0	31.3	62.0	124
0.80	5.0	9.5	14.0	22.9	45.3	90.1
0.70	3.5	6.1	8.9	14.5	28.5	56.6
0.60	2.5	4.4	6.4	10.3	20.1	39.7
0.50	2.0	3.4	4.8	7.7	14.9	29.4

表4-4 不同风速重现期的抗风风险系数参照表

风速重现期（年）	5	10	20	30	50	100
k_{sf}	0.78	0.84	0.88	0.92	0.95	1

4.3 设计紊流强度

4.3.1 桥梁的设计紊流强度可按式（4.3.1-1）～式（4.3.1-3）计算，其中纵向脉动风速的设计紊流强度 I_u 也可按表4.3.1选取。

$$I_u = \frac{1}{\ln\left(\dfrac{Z}{z_0}\right)} \tag{4.3.1-1}$$

$$I_v = 0.88 I_u \tag{4.3.1-2}$$

$$I_w = 0.50 I_u \tag{4.3.1-3}$$

式中：I_u——纵向脉动风速设计紊流强度；

I_v——横向脉动风速设计紊流强度；

I_w——垂直向脉动风速设计紊流强度；

Z——桥梁结构或构件的基准高度（m）；

z_0——桥址地表粗糙高度（m）。

表 4.3.1　纵向脉动风速设计紊流强度 I_u

高度 （m）	地表类别			
	A	B	C	D
$10 < Z \leq 20$	0.14	0.17	0.25	0.29
$20 < Z \leq 30$	0.13	0.16	0.23	0.29
$30 < Z \leq 40$	0.12	0.15	0.21	0.28
$40 < Z \leq 50$	0.12	0.15	0.20	0.26
$50 < Z \leq 70$	0.11	0.14	0.18	0.24
$70 < Z \leq 100$	0.11	0.13	0.17	0.22
$100 < Z \leq 150$	0.10	0.12	0.16	0.19
$150 < Z \leq 200$	0.10	0.12	0.15	0.18

条文说明

紊流强度是表征风速随时间和空间变化程度的最基本的参数。设风的来流水平方向（X方向）风速为 U，其平均风速为 $\overline{U}$；横向风速为 V，垂直向风速为 W，平均风速分别为 $\overline{V}$ 与 $\overline{W}$。一般可假设 $\overline{V} = \overline{W} = 0$。设 u、v、w 为 U、V、W 的脉动分量，σ_u、σ_v、σ_w 为 U、V、W 的标准差，如图4-2所示，则三个方向上的脉动风速紊流强度定义为：

$$I_u = \frac{\sigma_u}{\overline{U}} \tag{4-4}$$

$$I_v = \frac{\sigma_v}{\overline{U}} \tag{4-5}$$

$$I_w = \frac{\sigma_w}{\overline{U}} \tag{4-6}$$

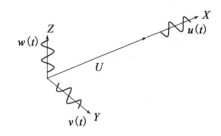

图 4-2　脉动风 u、v、w 的定义示意图

5 风荷载

5.1 一般规定

5.1.1 作用在桥梁结构或构件上的风荷载,应考虑风的静力作用和风的动力作用。

条文说明

风作用在桥梁结构或构件上会产生静力和动力两种效应。风作用下的结构风致响应特征与结构刚度大小有关。当结构刚度较小时,动力响应特征逐渐显现,动力效应较大。在抗风设计中,对轻、柔的桥梁或构件,需要考虑动力作用及其效应。

5.1.2 桥梁结构或构件的顺风向风荷载可按本章规定的等效静阵风荷载计算。当判定桥梁在风作用下的动力作用效应较大时,应通过必要的风洞试验、虚拟风洞试验,以及相应的数值分析获取桥梁结构或构件横风向风荷载及其效应。

条文说明

一般将自然风分为平均风和脉动风两个部分。结构在自然风作用下会产生平均风效应和脉动风效应。脉动风效应由脉动风的背景响应和共振响应组成,如图 5-1 所示。阴影区域 A 所对应的能量分布与风速的能量分布相似,为不考虑结构共振响应时的功率谱;阴影区域 B 所对应的能量分布则为结构共振响应的功率谱。当结构刚度较大时,共振响应部分占有比例很小。

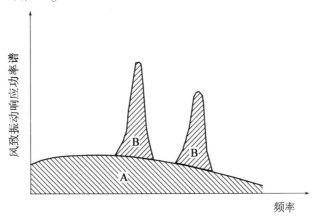

图 5-1 风致振动响应功率谱分解示意图

本规范对顺风向风荷载在考虑风的空间相关性等因素基础上采用等效静阵风荷载的表达形式。对横风向风荷载响应、一些特殊结构或者结构的特殊施工状态（如双悬臂施工状态的桥梁），需要进行详细的风荷载响应分析。

5.2 等效静阵风风速

5.2.1 等效静阵风风速 U_g 可按式（5.2.1）计算：

$$U_g = G_V U_d \tag{5.2.1}$$

式中：G_V——等效静阵风系数，可按表5.2.1取值；
U_d——设计基准风速（m/s）。

表5.2.1 等效静阵风系数 G_V

地表类别	水平加载长度（m）											
	≤20	60	100	200	300	400	500	650	800	1 000	1 200	1 500	≥2 000
A	1.29	1.28	1.26	1.24	1.23	1.22	1.21	1.2	1.19	1.18	1.17	1.16	1.15
B	1.35	1.33	1.31	1.29	1.27	1.26	1.25	1.24	1.23	1.22	1.21	1.20	1.18
C	1.49	1.48	1.45	1.41	1.39	1.37	1.36	1.34	1.33	1.31	1.30	1.29	1.26
D	1.56	1.54	1.51	1.47	1.44	1.42	1.41	1.39	1.37	1.35	1.34	1.32	1.30

注：1. 成桥状态下，水平加载长度为主桥全长。
2. 多联多跨连续桥梁的加载长度按其结构单联长度确定。
3. 悬臂施工中的桥梁，水平加载长度按该施工状态已拼装主梁的长度选取。

条文说明

本规范把考虑结构或构件上的风的空间相关性的阵风风速称为等效静阵风风速。在考虑结构或构件的顺风向风荷载时，用等效静阵风荷载计算。等效静阵风系数实质上是考虑紊流强度、脉动风空间相关性、加载长度（高度）和结构构件离地面（或水面）高度等因素的顺风向风荷载加载时的风速比例系数。

对图5-2所示的水平方向结构物，在 x 处，时间 t 时，单位长度所受风压为：

$$P(x,t) = \frac{1}{2}\rho C_H D[U + u(x,t)]^2 = \overline{P} + \frac{2\overline{P}}{U}u(x,t) \tag{5-1}$$

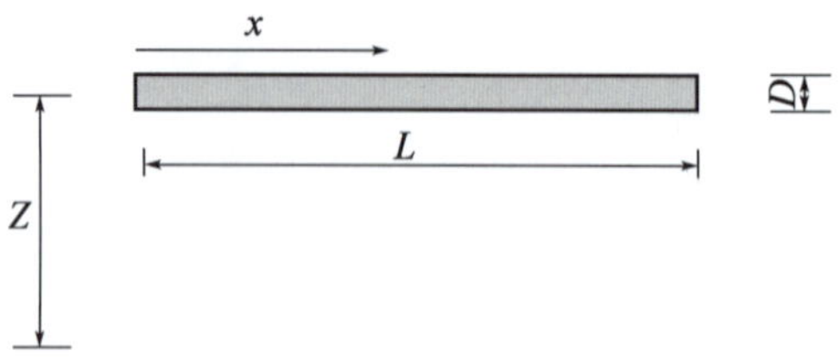

图5-2 水平方向的结构物示意

则构件上的总压力为：

$$P_{l0} = \int_0^l P(x,t)\,dx = \overline{P} + \int_0^l \frac{2\overline{P}}{U}u(x,t)\,dx = \overline{P} + P(t) \tag{5-2}$$

$P(t)$ 为脉动风压。而：

$$S_p(n) = \left(\frac{2\bar{P}}{U}\right)^2 |J_H(n)|^2 S_u(n) \tag{5-3}$$

式中：$S_p(n)$ ——脉动风压 $P(t)$ 的谱密度函数；

$S_u(n)$ ——脉动风速的谱密度函数；

$|J_H(n)|^2$ ——水平联合接受函数，表达式为：

$$|J_H(n)|^2 = \frac{1}{l^2} \int_0^l \int_0^l e^{\frac{-K_1 n}{U}|x_1-x_2|} dx_1 dx_2 \tag{5-4}$$

K_1 为脉动风的相关系数，一般取 7~21。脉动风压的标准差为：

$$\sigma_P = \left[\int_0^\infty S_P(n)dn\right]^{\frac{1}{2}} \tag{5-5}$$

按 Davenport 理论，最大风压的期望值为：

$$E[P_{t0,\max}] = \bar{P} + g_f \sigma_P \tag{5-6}$$

$$g_f = \sqrt{2\ln(vT)} + \frac{0.5772}{\sqrt{2\ln(vT)}} \tag{5-7}$$

$$v = \left[\int_0^\infty n^2 S_P(n)dn\right]^{\frac{1}{2}} / \sigma_P \tag{5-8}$$

于是可得到等效静阵风风压系数，即为最大风压期望值和 10min 平均风压值之比：

$$G_P = \frac{E[P_{t0,\max}]}{\bar{P}} = 1 + g \cdot \sigma_P / \bar{P} \tag{5-9}$$

等效静阵风系数为：

$$G_V = \frac{U_g}{U_Z} = \sqrt{G_P} \tag{5-10}$$

通过以下方法可以得到不同时距的等效静阵风系数 G_V。由于 $u(t)$ 的预期最大值是一系列测量的结果，观测的有限时间 T 和记录装置的有限反应时间 τ 限制了实际的谱 $S_u(n)$，变成一个谱窗口，低频被 T 截短，高频依赖于 τ。由于平均风的时距 T 一般为 10min，前者实际是无关的，而后者可通过用在短暂时距 τ 内平均预期最大值代替瞬时预期最大值来考虑。

在有限反应时间 τ 内的平均最大风速可用式（5-11）、式（5-12）得到：

$$U_g(\tau) = G_V(\tau) \cdot U \tag{5-11}$$

$$G_V(\tau) = \sqrt{1 + g(\tau) \cdot \sigma_P(\tau)/\bar{P}} \tag{5-12}$$

式中 $g(\tau)$、$\sigma_P(\tau)$ 可按上式计算，但脉动风速的谱密度函数 $S_u(n)$ 须用式（5-13）代替。

$$S_u(n,\tau) = S_u(n)\chi(n,\tau) \tag{5-13}$$

$$\chi(n,\tau) = \sin^2(\pi n\tau)/(\pi n\pi)^2 \tag{5-14}$$

本规范根据 Kaimal 水平风谱，计算了不同基本风速、不同地表类别和几种相关系数以及不同桥面高度的等效静阵风系数。计算表明，对同类地表，等效静阵风系数随基本风速变化较小，随桥面高度虽有变化，但亦很小；随水平相关系数的变化亦不大，但地表类别变化影响较大。表5-1为不同时距的等效静阵风系数，表5-2和表5-3分别为不同基准高度和不同设计基准风速的等效静阵风系数。

表5-1 不同时距的等效静阵风系数

时距(s)	水平加载长度（m）											
	100	200	300	400	500	650	800	1 000	1 200	1 500	1 800	2 100
1	1.31	1.29	1.27	1.26	1.25	1.24	1.23	1.22	1.21	1.20	1.19	1.18
3	1.28	1.26	1.25	1.24	1.23	1.22	1.21	1.20	1.20	1.19	1.18	1.17
5	1.26	1.25	1.24	1.23	1.22	1.21	1.20	1.19	1.19	1.18	1.17	1.16
10	1.22	1.21	1.21	1.20	1.20	1.19	1.18	1.18	1.17	1.16	1.15	1.15
20	1.18	1.18	1.17	1.17	1.16	1.16	1.15	1.15	1.14	1.14	1.13	1.13
30	1.16	1.15	1.15	1.14	1.14	1.14	1.13	1.13	1.13	1.12	1.12	1.12
60	1.11	1.11	1.11	1.11	1.11	1.10	1.10	1.10	1.10	1.09	1.09	1.09
180	1.06	1.06	1.06	1.06	1.06	1.06	1.06	1.06	1.06	1.05	1.05	1.05
300	1.04	1.04	1.04	1.04	1.04	1.04	1.04	1.04	1.04	1.04	1.04	1.04

注：表中计算条件为：B类地表，构件基准高度40m，设计基准风速40m/s。

表5-2 不同基准高度的等效静阵风系数

桥面离水面（地面）高度（m）	水平加载长度（m）											
	100	200	300	400	500	650	800	1 000	1 200	1 500	1 800	2 100
20	1.32	1.30	1.28	1.26	1.25	1.24	1.22	1.21	1.20	1.19	1.18	1.17
40	1.31	1.29	1.27	1.26	1.25	1.24	1.23	1.22	1.21	1.20	1.19	1.18
60	1.30	1.28	1.27	1.26	1.25	1.24	1.23	1.22	1.21	1.20	1.19	1.19
80	1.30	1.28	1.27	1.26	1.25	1.24	1.23	1.22	1.21	1.20	1.20	1.19

注：表中计算条件为：B类地表，时距$\tau=1s$，设计基准风速40m/s。

表5-3 不同设计基准风速的等效静阵风系数

设计基准风速（km/h）	水平加载长度（m）											
	100	200	300	400	500	650	800	1 000	1 200	1 500	1 800	2 100
20	1.30	1.28	1.26	1.25	1.24	1.23	1.22	1.21	1.20	1.19	1.18	1.17
30	1.31	1.28	1.27	1.26	1.25	1.23	1.22	1.21	1.20	1.19	1.19	1.18
40	1.31	1.29	1.27	1.26	1.25	1.24	1.23	1.22	1.21	1.2	1.19	1.18
50	1.31	1.29	1.28	1.26	1.25	1.24	1.23	1.22	1.21	1.2	1.19	1.19

注：表中计算条件为：B类地表，时距$\tau=1s$，构件基准高度40m。

对等效静阵风荷载其风速时距取为1~3s。对一般大跨径桥梁，桥梁高度一般为30~70m，设计基准风速一般为20~50m/s。本规范建议采用时距为1s，桥面基准高度为40m，脉动风的相关系数为7时的结果，见表5-4。

表 5-4　不同地表类别的等效静阵风系数

地表类别	水平加载长度（m）													
	<20	60	100	200	300	400	500	650	800	1 000	1 200	1 500	1 800	2 100
A	1.29	1.28	1.26	1.24	1.23	1.22	1.21	1.20	1.19	1.18	1.17	1.16	1.16	1.15
B	1.35	1.33	1.31	1.29	1.27	1.26	1.25	1.24	1.23	1.22	1.21	1.20	1.19	1.18
C	1.49	1.48	1.45	1.41	1.39	1.37	1.36	1.34	1.33	1.31	1.30	1.29	1.27	1.26
D	1.56	1.54	1.51	1.47	1.44	1.42	1.41	1.39	1.37	1.35	1.34	1.32	1.31	1.30

注：表中计算条件为：时距 $\tau=1s$，构件基准高度40m，设计基准风速40m/s。

5.2.2 桥塔、桥墩的等效静阵风系数可根据构件高度按表5.2.2取值。

表 5.2.2　桥塔、桥墩的等效静阵风系数 G_V

地表类别	结构高度（m）							
	<40	60	80	100	150	200	300	400
A	1.19	1.18	1.17	1.16	1.14	1.13	1.12	1.11
B	1.24	1.22	1.20	1.19	1.17	1.16	1.14	1.13
C	1.33	1.29	1.27	1.26	1.23	1.21	1.18	1.16
D	1.48	1.42	1.39	1.36	1.31	1.28	1.24	1.22

条文说明

对如图5-3所示的竖直方向的构件，在高度 z 处，时间 t 时，单位长度所受风压为：

$$P(z,t) = \frac{1}{2}\rho C_H B[U(z)+u(z,t)]^2$$
$$= \overline{P}(z) + \frac{2\overline{P}(z)}{U}u(z,t) \quad (5\text{-}15)$$

则构件上的总压力为：

$$P_{h0} = \int_0^h P(z,t)\,dx = \int_0^h \left[\overline{P}(z) + \frac{2\overline{P}(z)}{U}u(z,t)\right]dz \quad (5\text{-}16)$$

$$S_p(n,z) = \left[\frac{2\overline{P}(z)}{U}\right]^2 |J_H(n,z)|^2 S_u(n) \quad (5\text{-}17)$$

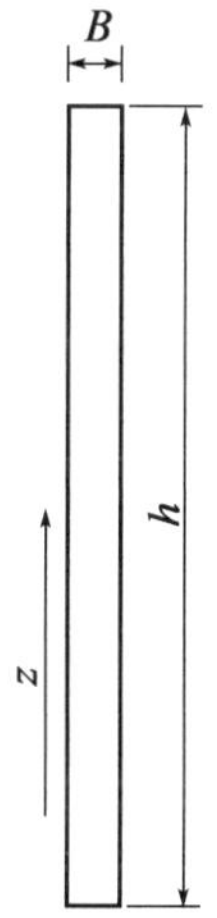

图5-3　竖向结构物示意

式中：$S_p(n,z)$ ——高度 z 处脉动风压 $P(z,t)$ 的谱密度函数；

n ——风的频率（Hz）；

$S_u(n)$ ——高度 z 处脉动风速的谱密度函数，采用沿高度方向不变化的Davenport风速谱，表达式为：$S_u(n) = 4K^2 v_{10} x^2 / [n(1+x^2)^{\frac{4}{3}}]$，其中 $x = 1200n/U_{10}$，U_{10} 为10m高度处平均风速，K 为与地面粗糙度有关的系数；

$|J_H(n,z)|^2$ —— $|J_H(n,z)|^2 = \frac{1}{h^2}\int_0^h\int_0^h e^{\frac{-K_1 n}{U(z)}|z_1-z_2|}\mathrm{d}z_1\mathrm{d}z_2$，为高度 z 处联合接受函数，其中 K_1 为脉动风的相关系数，取为 7。

等效静阵风系数也是在时距 1s、设计基准风速 40m/s、脉动风的相关系数为 7 的条件下计算得到的。

5.3 主梁上的等效静阵风荷载

5.3.1 横桥向风作用下主梁单位长度上的顺风向等效静阵风荷载 F_g 可按式（5.3.1）计算：

$$F_g = \frac{1}{2}\rho U_g^2 C_H D \qquad (5.3.1)$$

式中：F_g——作用在主梁单位长度上的顺风向等效静阵风荷载（N/m）；

ρ——空气密度（kg/m³），可取为 1.25kg/m³；

U_g——等效静阵风风速（m/s）；

C_H——主梁横向力系数；

D——主梁特征高度（m）。

条文说明

作用在主梁单位长度上的静气动力按图 5-4 所示的体轴坐标系下三个方向的平均风荷载表达式：

气动横向力 $\qquad F_H = \frac{1}{2}\rho U^2 C_H D \qquad (5-18)$

气动竖向力 $\qquad F_V = \frac{1}{2}\rho U^2 C_V B \qquad (5-19)$

气动扭转力矩 $\qquad M = \frac{1}{2}\rho U^2 C_M B^2 \qquad (5-20)$

式中：B——主梁的特征宽度（m）；

C_V——主梁竖向力系数；

C_M——主梁扭转力系数。

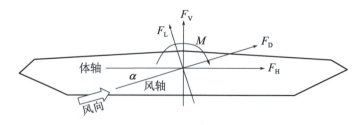

图 5-4 风轴与体轴坐标系及其气动力方向

三个方向的平均风荷载也可以风轴的形式表达，一般用阻力系数 C_D、升力系数 C_L 与扭转力系数 C_M 来表达。体轴三个方向力的系数与风轴三个方向力的系数是可以相互转换的，其转换关系按式（5-21）、式（5-22）确定：

$$C_H = C_D \cos\alpha - \frac{B}{D} C_L \sin\alpha \tag{5-21}$$

$$C_V = \frac{D}{B} C_D \sin\alpha + C_L \cos\alpha \tag{5-22}$$

式中：C_D——主梁风轴上阻力系数；

C_L——主梁风轴上升力系数；

α——风攻角（°）。

空气密度受到大气压与温度的影响，存在明显的变化。最典型的特征是高海拔地区的大气压低，空气稀薄，空气密度也相对较低；同时在大气压不变的情况下，温度越低空气密度则越高。空气密度与温度、大气压的关系见表5-5。

表5-5 空气密度 ρ（kg/m³）与温度、大气压的关系

温度（℃）	0.7atm	0.8atm	0.9atm	1atm	1.1atm	1.2atm
−30	1.017	1.162	1.307	1.453	1.598	1.743
−25	0.996	1.139	1.281	1.423	1.566	1.708
−20	0.977	1.116	1.256	1.395	1.535	1.674
−15	0.958	1.095	1.231	1.368	1.505	1.642
−10	0.939	1.074	1.208	1.342	1.476	1.611
−5	0.922	1.054	1.185	1.317	1.449	1.581
0	0.905	1.034	1.164	1.293	1.422	1.552
5	0.889	1.016	1.143	1.270	1.397	1.524
10	0.873	0.998	1.123	1.247	1.372	1.497
15	0.858	0.981	1.103	1.226	1.348	1.471
20	0.843	0.964	1.084	1.205	1.325	1.446
25	0.829	0.948	1.066	1.185	1.303	1.421
30	0.816	0.932	1.049	1.165	1.282	1.398

注：atm 表示标准大气压，为 101 325Pa。

5.3.2 当桥梁主跨跨径小于或等于200m时，部分形式的主梁断面横向力系数 C_H 可按下列方法确定：

1 工形、Π形或箱形截面主梁的横向力系数 C_H 可按式（5.3.2-1）计算：

$$C_H = \begin{cases} 2.1 - 0.1\left(\dfrac{B}{D}\right) & 1 \leq \dfrac{B}{D} < 8 \\ 1.3 & 8 \leq \dfrac{B}{D} \end{cases} \tag{5.3.2-1}$$

式中：B——主梁的特征宽度（m）；

D——主梁梁体的投影高度（m）。

2 桥梁的主梁截面带有斜腹板时，横向力系数 C_H 可根据腹板倾角角度折减，横向力系数的腹板倾角角度折减系数 η_c 可按式（5.3.2-2）确定：

$$\eta_c = \begin{cases} 1 - 0.005 \times \beta_d & 0° \leq \beta_d < 60° \\ 0.7 & \beta_d \geq 60° \end{cases} \quad (5.3.2\text{-}2)$$

式中：β_d——腹板倾角（°），如图5.3.2所示。

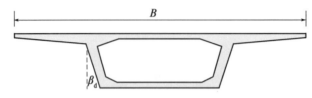

图5.3.2 斜腹板的倾角定义示意图

3 桁架梁式桥上部结构的横向力系数 C_H 可按表5.3.2-1选取。上部结构为两片或两片以上桁架时，每片桁架的横向力系数均取为 ηC_H，η 为遮挡系数，可按表5.3.2-2采用；桥面系构造的横向力系数 C_H 取为1.3。

表5.3.2-1 桁架的横向力系数 C_H

实面积比	矩形与H形截面构件	圆柱形构件（d 为圆柱直径）	
		$dU_d \leq 6m^2/s$	$dU_d > 6m^2/s$
0.1	1.9	1.2	0.7
0.2	1.8	1.2	0.8
0.3	1.7	1.2	0.8
0.4	1.7	1.1	0.8
0.5	1.6	1.1	0.8

注：实面积比=桁架净面积/桁架轮廓面积。

表5.3.2-2 桁架遮挡系数 η

间距比	实面积比				
	0.1	0.2	0.3	0.4	0.5
≤1	1.00	0.90	0.80	0.60	0.45
2	1.00	0.90	0.80	0.65	0.50
3	1.00	0.95	0.80	0.70	0.55
4	1.00	0.95	0.80	0.70	0.60
5	1.00	0.95	0.85	0.75	0.65
6	1.00	0.95	0.90	0.80	0.70

注：间距比=两桁架中心距/迎风桁架高度。

4 闭口流线型箱梁成桥状态的横向力系数 C_H 可取1.1，对应施工状态无栏杆与防撞护栏时横向力系数 C_H 可取0.8。在增设风障等附加措施时，宜通过风洞试验或虚拟风洞试验确定。

条文说明

工形、Ⅱ形或箱形截面主梁的梁高与梁宽的确定，可以参照图 5-5a)~c)。当桥面有附属栏杆、风障或声屏障时，梁高的确定可以参照图 5-5d)。

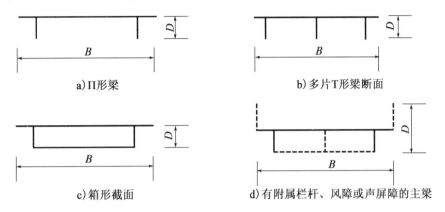

图 5-5 主梁风荷载计算梁高确定示意图

桁架式主梁的横向力系数由两个部分组成，其一为桁架的横向力系数，其二为桥面系的横向力系数。在计算单片桁架的风阻系数时，实面积比是指桁架净面积与桁架轮廓面积之比，其计算示意图如图 5-6 所示，即阴影面积与 $abcd$ 所围的面积之比。当多片桁架距离较近时，需考虑桁架之间的遮挡效应对风荷载的影响。

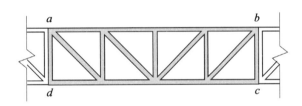

图 5-6 桁架结构风荷载计算示意图

闭口流线型箱梁的横向力系数受梁高、梁宽，以及有无气动措施的影响，本规范在总结已有若干桥梁试验结果的基础之上，统计得出闭口流线型箱梁的横向力系数。表 5-6 为几座典型的闭口流线型箱梁的横向力系数。

表 5-6 闭口流线型箱梁的横向力系数

桥 名	桥 型	梁宽（m）	梁高（m）	成桥状态 C_H	施工状态 C_H
苏通长江大桥	斜拉桥	41.0	4.0	0.979	0.353
九江长江大桥	斜拉桥	38.9	3.6	0.992	0.773
润扬长江大桥悬索桥	悬索桥	35.9	3.0	0.791	0.406
珠江黄埔大桥悬索桥	悬索桥	39.6	3.5	0.686	0.529
珠江黄埔大桥斜拉桥	斜拉桥	41.0	3.5	0.645	0.563
江阴长江大桥	悬索桥	36.9	3.0	1.063	—
泰州长江大桥	悬索桥	39.1	3.5	0.839	—
宜昌长江大桥	悬索桥	30.0	3.0	0.925	—

注：表中横向力系数取风攻角 -3°~+3° 的最大值。

5.3.3 当主跨跨径大于200m时，桁架式主梁及其他复杂断面形式主梁的横向力系数应通过风洞试验或虚拟风洞试验确定。

条文说明

桁架式主梁其形式较为复杂，有单层、双层等，同时桁架节间距、高度、桥梁整体宽度也差异较大。目前大跨径桁架桥梁的横向力系数一般都是通过静气动力试验获取的。表5-7给出了桁架式主梁的横向力系数。

表5-7 桁架式主梁的横向力系数

桥 名	桥 型	主梁全宽（m）	桁高（m）	成桥状态 C_H	施工状态 C_H
洞庭湖二桥	悬索桥	36.1	9.0	1.010	0.830
北盘江大桥（镇胜高速公路）	悬索桥	28	7.57	1.049	0.950
抵母河大桥	悬索桥	27	4.5	0.982	—
四渡河大桥	悬索桥	26	6.5	1.036	—
北盘江大桥（杭瑞高速公路）	斜拉桥	27	8.0	0.742	0.632
上海闵浦大桥	斜拉桥	44.0（上层）28.2（下层）	11.62	0.886	0.810
武汉天兴洲长江大桥	斜拉桥（公铁）	30	15.2	0.894	0.848
安庆长江大桥	斜拉桥（铁路）	28	15	0.979	0.847
铜陵长江大桥	斜拉桥（公铁）	35	15.5	0.709	0.563
重庆韩家沱长江大桥	斜拉桥（铁路）	18	14	0.835	0.789

注：表中横向力系数取风攻角-3°~+3°的最大值。

5.3.4 分离双幅桥梁净间距小于5倍单幅主梁宽度时，单幅桥梁的横向力系数的确定宜考虑双幅桥梁之间的气动力干扰效应。

条文说明

图5-7为双幅桥梁主梁布置示意图。根据宽高比为5的矩形断面、Π形断面以及流线型断面静气动力系数研究结果可知：上游钝体断面（矩形断面、Π形断面）当间距比 $0.02 \leq B_s/B \leq 1.0$ 时，阻力系数气动干扰因子约为0.9；当 $B_s/B \geq 2.0$ 时，气动干扰因子接近1.0；上游流线型断面当间距比 $0.02 \leq B_s/B \leq 1.0$ 时，阻力系数气动干扰因子约为0.51~0.90；当 $B_s/B \geq 3.0$ 时，气动干扰因子接近0.82。下游钝体断面（矩形断面、Π形断面）当间距比 $0.02 \leq B_s/B \leq 2.0$ 时，阻力系数气动干扰因子随间距比 B_s/B

的增加而线性增加,即约为 0.1~0.65;当间距比 $2.0 < B_s/B \leq 5.0$ 时,阻力系数气动干扰因子变化较缓,约为 0.65~0.80。下游流线型主梁断面当间距比 $B_s/B < 3.0$ 时,阻力系数气动干扰因子大于上游断面阻力系数气动干扰因子,即下游断面阻力系数比上游断面大;当间距比 $B_s/B \geq 3.0$ 时,下游流线型主梁断面阻力系数气动干扰因子为 0.75。

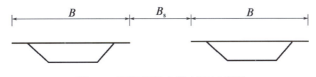

图 5-7 双幅桥梁主梁布置示意图

5.3.5 跨径小于或等于 200m 的桥梁,主梁上顺桥向单位长度的风荷载可按下列情况选取:

1 对实体式主梁,取其横桥向风荷载的 0.25 倍。
2 对桁架式主梁,取其横桥向风荷载的 0.50 倍。

5.3.6 跨径大于 200m 的桥梁,其顺桥向单位长度上的风荷载可根据式(5.3.6)按风和主梁表面之间产生的摩擦力计算:

$$F_{\mathrm{fr}} = \frac{1}{2}\rho U_{\mathrm{g}}^2 C_{\mathrm{f}} s \tag{5.3.6}$$

式中:U_{g}——等效静阵风风速(m/s);
F_{fr}——单位长度上的摩擦力(N/m);
C_{f}——摩擦系数,按表 5.3.6 选取;
s——主梁周长(m),对桁架断面为梁体外轮廓周长。

表 5.3.6 摩擦系数 C_{f} 的取值

桥梁主梁上下表面情况		摩擦系数 C_{f}
光滑表面(光滑混凝土、钢)		0.01
粗糙表面(混凝土表面)		0.02
非常粗糙表面(加肋)		0.04
桁架断面	单层行车	0.065
	双层行车	0.10

条文说明

研究表明,顺桥向的风荷载随着风偏角的增大出现先增加后减少的规律,其最不利顺桥向风荷载并不是发生在顺桥向,而是在 45°~60°风偏角。图 5-8 为通过节段模型试验得到的不同风偏角下单层行车的桁架式主梁顺桥向风荷载的试验结果,通过换算可以得到其最大摩擦系数约为 0.065。闵浦大桥双层桁架主梁的节段模型风洞试验研究表明，摩擦系数为0.10。在取用表（5.3.6）中系数时，桁架主梁的周长按照桁高和桁宽所围成的外轮廓几何空间确定。

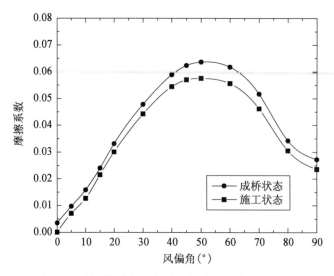

图 5-8　单层行车的桁架式主梁摩擦系数试验结果

5.3.7　主梁的静气动力系数宜选用风攻角 $-3° \sim +3°$ 范围内的最不利值。

5.3.8　在 W1 风作用水平下，风荷载与汽车荷载组合时，主梁的风荷载应包括作用在车辆上的横向荷载，其增加值可取为 1.5kN/m；当设置风障或声屏障时，可不考虑作用在车辆上的横向荷载。

条文说明

在 W1 风作用水平下，风荷载与车辆荷载组合时，需要考虑车辆上的风荷载效应。AASHTO 规范中给出了不同风偏角效应时作用在车辆上的风荷载效应，见表 5-8。

表 5-8　AASHTO 规范中车辆风荷载效应（24.6m/s）

风偏角（°）	垂直于桥轴向风荷载（kN/m）	平行于桥轴向风荷载（kN/m）
0	1.459	0
15	1.284	0.175
30	1.197	0.350
45	0.963	0.467
60	0.496	0.554

针对桥面有无车辆的节段模型静气动力试验表明，对于梁高为 3.5m 的闭口箱梁的车辆风荷载效应，考虑满布车辆的情况下，横桥向静气动力系数提高了 42%，按照 200m 桥长、B 类地表、桥面风速 25m/s 计算，横桥向静气动力系数增加 1260N/m，略小于 AASHTO 的结果。图 5-9 给出了某桥考虑桥面行车的节段模型试验车辆布置示意

图以及静气动力系数试验结果。

欧洲规范通过调整计算梁高来考虑有车辆时的主梁横向风荷载效应。如以宽35m、高3m的主梁为例，考虑车辆附加高度2.5m，则考虑车辆前后的计算梁高分别为3m与5.5m，相应阻力系数取为1.0。若桥面的紊流强度为0.15，则荷载增加为1 761N/m，此结果略大于AASHTO规范的计算结果。综合试验与两个规范的结果，本规范取桥面横桥向车辆风荷载增加值为1.5kN/m。

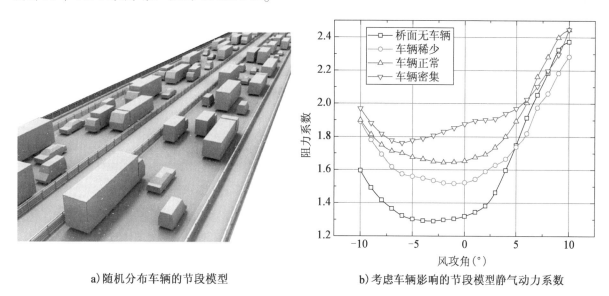

a）随机分布车辆的节段模型　　　　b）考虑车辆影响的节段模型静气动力系数

图5-9　考虑桥面车辆影响的主梁静气动力系数

5.4　桥墩、桥塔、斜拉索、主缆和吊杆（索）上的等效静阵风荷载

5.4.1　桥墩、桥塔、吊杆（索）上的风荷载以及横桥向风作用下斜拉索和主缆的等效静阵风荷载可按式（5.4.1）计算：

$$F_g = \frac{1}{2}\rho U_g^2 C_D A_n \quad (5.4.1)$$

式中：F_g——构件单位长度上的风荷载（N/m）；

ρ——空气密度（kg/m³），可取为1.25kg/m³；

U_g——构件基准高度上的等效静阵风风速（m/s）；

C_D——构件的阻力系数；

A_n——构件单位长度上顺风向的投影面积（m²/m），对斜拉索、主缆和吊杆取外径计算。

5.4.2　桥墩或桥塔的阻力系数C_D可参照表5.4.2-1选取；钢结构中单独构件的阻力系数可参照表5.4.2-2选取。断面形状复杂的桥墩、桥塔可通过风洞试验或虚拟风洞试验方法获取，并取横桥向或顺桥向附近±30°风偏角范围内的最不利值。

表 5.4.2-1 桥墩和桥塔的阻力系数 C_D

截面形状	t/w	桥墩或桥塔的高宽比 h/w						
		1	2	4	6	10	20	40
风向 → ▯ (t窄w窄)	≤1/4	1.3	1.4	1.5	1.6	1.7	1.9	2.1
风向 → ▯	1/3~1/2	1.3	1.4	1.5	1.6	1.8	2.0	2.2
风向 → ▯	2/3	1.3	1.4	1.5	1.6	1.8	2.0	2.2
风向 → □	1	1.2	1.3	1.4	1.5	1.6	1.8	2.0
风向 → ▭	3/2	1.0	1.1	1.2	1.3	1.4	1.5	1.7
风向 → ▭	2	0.8	0.9	1.0	1.1	1.2	1.3	1.4
风向 → ▭	3	0.8	0.8	0.8	0.9	0.9	1.0	1.2
风向 → ▭	≥4	0.8	0.8	0.8	0.8	0.8	0.9	1.1
风向 → ◇ 正方形或八角形 风向 → ⬣		1.0	1.1	1.1	1.2	1.2	1.3	1.4
12 边形		0.7	0.8	0.9	0.9	1.0	1.1	1.3
光滑表面圆形 若 $dU_d \geq 6\text{m}^2/\text{s}$		0.5	0.5	0.5	0.5	0.5	0.6	0.6
1. 光滑表面圆形若 $dU_d < 6\text{m}^2/\text{s}$ 2. 有粗糙面或带凸起的圆形		0.7	0.7	0.8	0.8	0.9	1.0	1.2

注：1. 表中 t 为断面顺风向宽度，w 为断面迎风宽度，d 为圆形断面直径，h 为桥墩或桥塔的高度。
2. 上部结构架设后，应根据高宽比 40 计算 C_D。
3. 对于带圆弧角的矩形桥墩，其 C_D 值应由上表查出后再乘以 $(1-1.5r/w)$ 或 0.5，并取两者中的较大值，r 为圆弧角的半径。
4. 对于带三角尖端的桥墩，其 C_D 值应按能包括该桥墩外边缘的矩形截面计算。
5. 对随高度有锥度变化的桥墩，C_D 值应按桥墩高度分段计算。在推算 t/w 时，每段的 t/w 应按其平均值计，高宽比值应以桥墩总高度对每段的平均宽度计。

表 5.4.2-2　结构中单独构件的阻力系数

截面形状	风偏角（°）					
	β	0	45	90	135	180
（角形截面 $b \times b/2$）	C_{fn}	+1.9	+1.8	+2.0	-1.8	-2.0
	C_{ft}	+0.95	+0.8	+1.7	-0.1	+0.1
（V形截面）	C_{fn}	+1.8	+2.1	-1.9	-2.0	-1.4
	C_{ft}	+1.8	+1.8	-1.0	+0.3	-1.4
（十字形截面 b，$0.1b$）	C_{fn}	+1.75	+0.85	+0.1	-0.75	-1.75
	C_{ft}	+0.1	+0.85	+1.75	+0.75	-0.1
（T形截面 b，$0.1b$，$0.45b$）	C_{fn}	+1.6	+1.5	-0.95	-0.5	-1.5
	C_{ft}	0	-0.1	+0.7	+1.05	0
（T形截面 b，$1.1b$）	C_{fn}	+2.0	+1.2	-1.6	-1.1	-1.7
	C_{ft}	0	+0.9	+2.15	+2.4	+2.1
（槽形截面 b，$0.43b$）	C_{fn}	+2.05	+1.85	0	-1.6	-1.8
	C_{ft}	0	+0.6	+0.6	+0.4	0

截面形状	风偏角（°）			
	β	0	45	90
（工字形截面 b，$0.5b$，$1.6b$）	C_{fn}	+1.4	+1.2	0
	C_{ft}	0	+1.6	+2.2

表 5.4.2-2（续）

截面形状		风偏角（°）		
	β	0	45	90
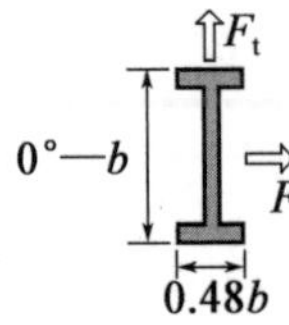 I 形截面 $0°-b$，$0.48b$	C_{fn}	+2.05	+1.95	+0.5
	C_{ft}	0	+0.6	+0.9
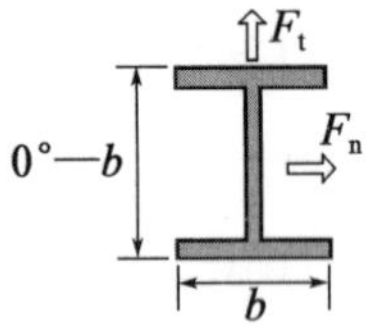 H 形截面 $0°-b$，b	C_{fn}	+1.6	+1.5	0
	C_{ft}	0	+1.5	+1.9
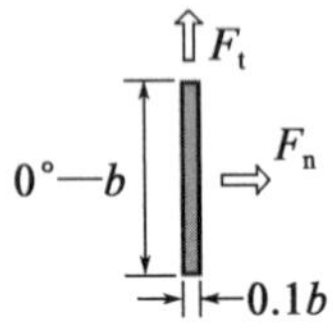 矩形截面 $0°-b$，$0.1b$	C_{fn}	+2.0	+1.8	0
	C_{ft}	0	+0.1	+0.1
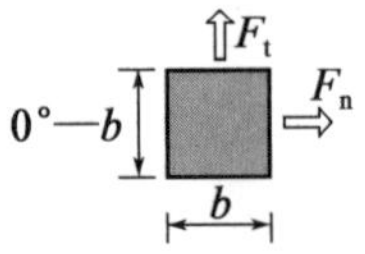 正方形截面 $0°-b$，b	C_{fn}	+2.0	+1.55	0
	C_{ft}	0	+1.55	+2.0

条文说明

矩形断面上的风荷载与断面两个方向的宽度比 t/w，以及构件高度与迎风宽度比 h/w 有关，在不考虑三维绕流的情况下，二维矩形断面的阻力系数在 t/w 处于 0.65～0.70 时达到最大，此后随着 t/w 增大逐渐减小。阻力系数随高度与迎风宽度比 h/w 的变化，主要由于气流绕流的三维效应，h/w 越大则三维绕流效应越小，此时气流只能从构件的两侧绕流经过，更加接近于二维效应，因而阻力系数则越大。但桥梁上部结构建成之后，上部结构主梁减弱了三维绕流效应，所以条文中规定上部结构架设后，阻力系数按最大取值。

对于桥墩或桥塔，在对风荷载较为敏感的结构设计中，往往需要通过风洞试验或虚拟风洞试验获取断面的阻力系数。但阻力系数受风偏角的影响较为明显，为了考虑最不利影响，一般取横桥向或顺桥向附近 ±30°风偏角范围内的最不利值作为阻力系数设计值。苏通长江大桥的桥塔断面采用了切角处理，如图 5-10 所示，在风荷载的确定过程中，分析比较了不同风偏角下的阻力系数。表 5-9 为苏通长江大桥桥塔塔柱截面阻力系数随风偏角变化的虚拟风洞试验结果。

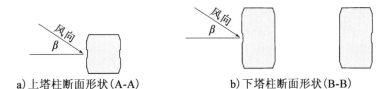

a) 上塔柱断面形状(A-A)　　　　b) 下塔柱断面形状(B-B)

图 5-10　苏通长江大桥桥塔塔柱截面示意图

表 5-9　苏通长江大桥桥塔塔柱截面阻力系数随风偏角变化关系

风偏角 (°)	A-A 阻力系数 (风轴)	A-A 横桥向力系数	A-A 顺桥向力系数	B-B (迎风侧) 阻力系数 (风轴)	B-B (迎风侧) 横桥向力系数	B-B (迎风侧) 顺桥向力系数	B-B (背风侧) 阻力系数 (风轴)	B-B (背风侧) 横桥向力系数	B-B (背风侧) 顺桥向力系数
0	1.934	1.934	-0.021	2.217	2.217	-0.124	0.194	0.194	-0.122
3	2.233	2.250	-0.281	2.416	2.436	-0.332	0.537	0.534	0.075
10	1.991	2.082	-0.343	2.170	2.239	0.028	1.076	1.083	0.117
30	2.404	2.251	0.909	1.651	1.870	0.490	1.120	0.890	0.690
45	2.224	1.724	1.421	1.601	1.467	0.798	1.705	1.518	0.894
60	2.086	0.821	1.935	1.432	1.116	1.009	1.390	0.822	1.130
75	1.780	0.280	1.770	1.131	0.560	1.021	1.303	0.562	1.198
87	1.620	0.060	1.620	0.909	0.005	0.910	0.940	0.127	0.935
90	1.465	-0.087	1.465	0.874	0.063	0.874	0.920	0.013	0.920

5.4.3　作用于桥墩或桥塔的风荷载可按地面或水面以上 0.65 倍墩高或塔高处的风速确定，也可根据地表类别按本规范第 4.2.6 条规定的风速分布确定。

条文说明

如图 5-11 所示，假设桥塔为等截面，断面迎风宽度为 w，阻力系数为 C_D，等效高度为 h_0，则桥塔根部弯矩为：

$$M = \int_0^h \frac{1}{2}\rho \left[U_{s10} \left(\frac{x}{10} \right)^{\alpha_0} \right]^2 C_D w x \mathrm{d}x \tag{5-23}$$

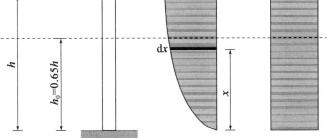

图 5-11　桥塔结构风荷载等效原理示意及等效高度

桥塔根部等效弯矩为：

$$\widetilde{M} = \frac{1}{2}\rho \left[U_{s10} \left(\frac{h_0}{10} \right)^{\alpha_0} \right]^2 C_D w h \frac{h}{2} \tag{5-24}$$

令 $M = \widetilde{M}$，则有 $h_0^{2\alpha} \dfrac{h^2}{2} = \int_0^h x^{2\alpha_0+1} dx$，整理可得：

$$h_0 = \left(\dfrac{1}{1+\alpha}\right)^{\frac{1}{2\alpha_0}} h \tag{5-25}$$

对 A、B、C、D 四类地表，地表粗糙度系数 α_0 分别为 0.12、0.16、0.22、0.30，分别有 $h_0 = 0.624h$，$h_0 = 0.629h$，$h_0 = 0.636h$，$h_0 = 0.646h$。

5.4.4 当悬索桥主缆的中心间距为直径的 4 倍及以上时，每根缆索的风荷载宜独立考虑，单根主缆的阻力系数可取 0.7；当主缆中心距小于直径的 4 倍时，可按一根主缆计算，其阻力系数宜取 1.0。当悬索桥吊索（杆）的中心距离为直径的 4 倍及以上时，每根吊杆的阻力系数可取 1.0。

5.4.5 表面光滑、表面凹坑处理及表面缠绕螺旋线的拉索在 W1 风作用水平时阻力系数可取为 1.0，在 W2 风作用水平时阻力系数可取为 0.8；其他外形、并列平行布置以及考虑覆冰影响的斜拉索、主缆及吊杆（索）的阻力系数宜通过风洞试验或虚拟风洞试验获取。

条文说明

对不同直径及不同附加气动措施斜拉索的风洞试验表明，圆形断面的气动力受雷诺数影响较大，附加螺旋线拉索、表面凹坑处理拉索受雷诺数影响很小。在 W1 风作用水平下，大多数桥梁的拉索设计风速一般在 20m/s 以上，因此选取 1.0 作为拉索阻力系数，可以涵盖常用的拉索类型。图 5-12 为光索与附加不同气动措施的斜拉索阻力系数试验结果。

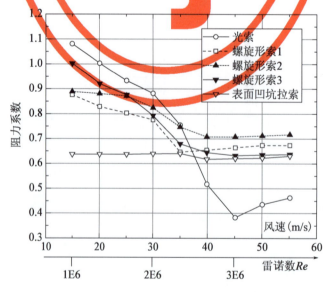

图 5-12 光索、螺旋形拉索与凹坑拉索的阻力系数

高风速下拉索的阻力系数一般比低风速下的阻力系数低，表5-10给出了55m/s风速时拉索的阻力系数。考虑雷诺数影响，并偏保守地取阻力系数为0.8。

表5-10 横风向拉索阻力系数的比较（55m/s）

光索	压痕凹坑	螺旋线索								
		$t=834$mm			$t=1\,112$mm			$t=1\,390$mm		
		$d=2$mm	$d=3$mm	$d=4$mm	$d=2$mm	$d=3$mm	$d=4$mm	$d=2$mm	$d=3$mm	$d=4$mm
0.463	0.630	0.717	0.752	0.768	0.673	0.719	0.755	0.637	0.683	0.711

注：表中 t 为螺旋线螺距（mm），d 为螺旋线直径（mm）。

在我国北方低温多雪地区、南方凝冻多发地区，受气候条件的影响，斜拉索、主缆及吊杆（索）容易覆冰从而极大地改变气动外形，并对构件的静气动力产生影响。特殊气候条件下的覆冰形态缆索构件的静气动力系数需要通过风洞试验或虚拟风洞试验来确定。

5.4.6 顺桥向风作用下斜拉索上的单位长度水平向风荷载 F_g 应按式（5.4.6）计算：

$$F_g = \frac{1}{2}\rho U_g^2 C_D D_c \sin^2\alpha_c \qquad (5.4.6)$$

式中：F_g——顺桥向风作用下的斜拉索单位长度水平向风荷载（N/m）；

C_D——斜拉索的阻力系数，按本规范第5.4.5条选取；

D_c——斜拉索的外径（m）；

α_c——斜拉索的倾斜角（°）。

条文说明

针对不同倾斜角的斜拉索在不同风偏角风作用下的静气动力系数进行了风洞试验研究，结果表明顺桥向的斜拉索阻力系数与 $\sin^2\alpha_c$ 呈近似线性关系，如图5-13所示。图5-14为斜拉索倾斜角定义示意图。

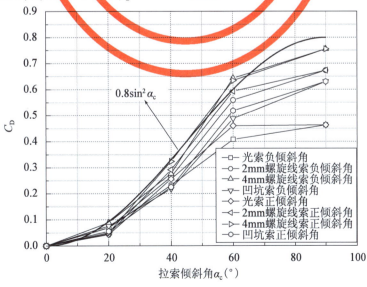

图5-13 光索、螺旋形拉索与凹坑拉索的顺桥向阻力系数

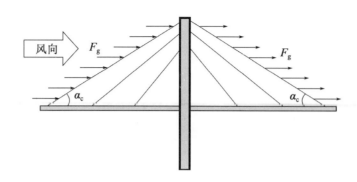

图 5-14 斜拉索倾斜角定义示意图

5.4.7 在顺桥向风作用下，悬索桥主缆单位长度上的顺桥向水平风荷载取其横桥向风荷载的 0.15 倍，必要时也可通过风洞试验或虚拟风洞试验确定。

条文说明

考虑倾斜角、风偏角、索夹等因素的悬索桥主缆顺桥向水平风荷载虚拟风洞试验研究表明，主缆顺桥向水平风荷载与风偏角和主缆倾斜角有关，本规范偏安全地取最不利的比例关系 0.15。图 5-15 为主缆顺桥向气动力与横桥向气动力比值随风偏角变化的曲线。

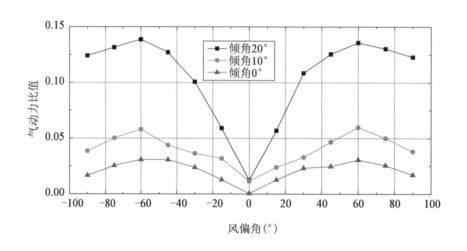

图 5-15 主缆顺桥向气动力与横桥向气动力比值与风偏角的关系

5.4.8 拱肋风荷载可参照本规范第 5.4.2 条确定单肢拱肋的阻力系数；当拱肋由双肢或多肢构成且距离小于 5 倍单肢拱肋宽度时，或主拱断面形状复杂时，宜通过风洞试验或虚拟风洞试验确定。

5.5 抖振惯性荷载及其效应

5.5.1 结构或构件的某阶振型抖振惯性力荷载，可在获得振型抖振位移的基础上，通过考虑质量分布、振型及频率等因素综合获得。

条文说明

根据牛顿第二定律，结构的惯性力 $F_i(x)$ 与质量 $m(x)$ 和加速度 $a(x)$ 成正比，即 $F_i(x) = m(x)a(x)$。在通过模型试验或理论分析获取每个振型在位置 x 处的振动位移后，可以计算出该位置对应的加速度，结合质量分布即可获得惯性力荷载。

5.5.2 抖振位移可在设计风速下考虑可能参与的振型、风的脉动空间相关性、构件断面特征等因素，通过频域分析、时域分析、风洞试验或虚拟风洞试验方法获取。

条文说明

时域分析一般通过风场模拟方法合成空间脉动风场及风作用力，并施加在结构上获得结构的抖振响应，再经过统计分析可获得抖振响应结果。抖振频域分析通常将大气紊流作为平稳随机过程，根据风速谱，以及考虑结构断面气动外形影响的风谱与气动力谱的传递函数，即气动导纳，再考虑桥梁结构的传递函数，最后得到抖振响应的统计量。风洞试验及虚拟风洞试验方法通过模拟结构频率、振型、阻尼比、气动外形等特征，直接测出或分析出抖振响应及其统计量。图 5-16 为抖振时域与频域分析方法计算原理示意图。

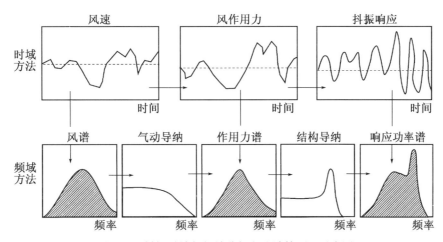

图 5-16 抖振时域与频域分析方法计算原理示意图

5.5.3 桥梁结构单位长度上第 i 阶振型的惯性力作用可按式（5.5.3）计算：

$$F_i(x) = k_p m(x) \sigma_i(x) (2\pi f_i)^2 \tag{5.5.3}$$

式中：$F_i(x)$——桥梁x位置处第i阶振型惯性力作用（N/m）；
k_p——峰值因子，一般取为3.5；
$m(x)$——桥梁x位置处的质量线分布集度（kg/m）；
$\sigma_i(x)$——桥梁x位置处的第i阶振型抖振位移标准差（m），一般通过抖振时域或频域分析计算获得，也可以通过风洞试验或虚拟风洞试验获取；
f_i——第i阶振型频率（Hz）。

条文说明

一般抖振响应分析获取的是振动响应的统计值，如位移根方差，而抖振的极值响应与抖振响应标准差之间存在一定的比例关系，可以用峰值因子来表示，如图5-17所示。峰值因子一般为3~4.5，可取为3.5，其物理意义亦可由式(5-26)表示：

$$k_p = \frac{R_{max} - R_{min}}{2\sigma_R} \tag{5-26}$$

式中：R_{max}——抖振响应的极大值；
R_{min}——抖振响应的极小值；
σ_R——抖振响应的标准差。

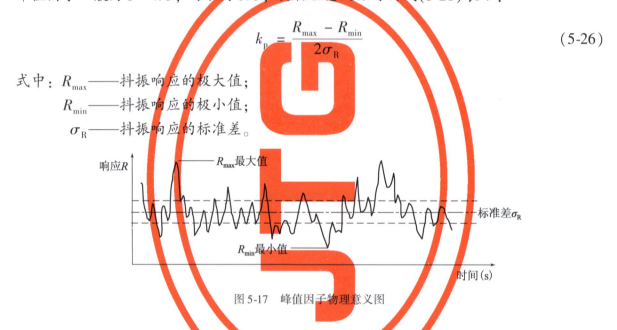

图5-17 峰值因子物理意义图

5.5.4 桥梁的惯性力作用效应，可按SRSS振型叠加方法，考虑结构可能被激发的振型，按照式（5.5.4）计算：

$$R_s(x) = \sqrt{\sum_i R_i^2(x)} \tag{5.5.4}$$

式中：$R_s(x)$——桥梁x位置处的抖振惯性力作用效应；
$R_i(x)$——桥梁x位置处的第i阶振型的抖振惯性力作用效应。

条文说明

由于风荷载一般诱发结构多个振型的共振响应，为了考虑各个振型的贡献，振型叠加法常被用于组合各个振型的惯性力效应。一般在抖振响应计算中采用SRSS法对各阶振型效应进行组合。

5.5.5 抖振惯性力作用效应应与设计风速下的静风荷载效应进行极值效应组合，与静风荷载效应进行组合时按式（5.5.5）进行。

$$R_t(x) = R_m(x) \pm R_s(x) \tag{5.5.5}$$

式中：$R_t(x)$——桥梁 x 位置处的风荷载极值效应；

$R_m(x)$——桥梁 x 位置处的平均静风荷载效应。

5.5.6 当结构几何非线性效应较大时，宜采用考虑非线性效应的时域分析方法获取结构的风荷载作用效应。

5.6 施工阶段的风荷载

5.6.1 对悬臂施工中的大跨斜拉桥和连续刚构桥，宜对其最大双悬臂状态和最大单悬臂状态进行详细的横桥向与顺桥向的风荷载效应分析，必要时可通过风洞试验或虚拟风洞试验测定。

5.6.2 双悬臂施工的桥梁横桥向风荷载加载时，应考虑主梁上的对称加载工况与不对称加载工况，不对称工况加载时主梁风荷载一端宜取另一端的 0.5 倍，主梁荷载加载示意图如图 5.6.2 所示。

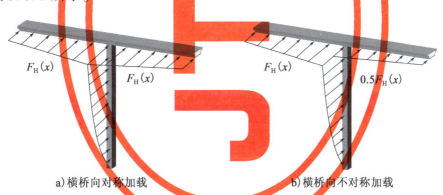

a) 横桥向对称加载　　　　　　b) 横桥向不对称加载

图 5.6.2 对称悬臂施工桥梁主梁横桥向荷载加载工况

6 桥梁的动力特性

6.1 一般规定

6.1.1 桥梁的自振频率及相应的振型宜采用有限元方法计算。

6.2 动力特性计算有限元建模原则

6.2.1 桥梁结构有限元模型的建立应与结构刚度特征相匹配、约束条件相适宜、质量与质量惯性矩分布相一致。

6.2.2 斜拉索的有限元模拟应考虑垂度效应，当索长超过400m时宜采用多个单元分段模拟；当采用一个单元模拟时，拉索的弹性模量应进行折减，并按式（6.2.2）计算：

$$E_r = \frac{E_0}{1 + E_0 \frac{(\rho_c g l \cos\alpha_c)^2}{12\sigma^3}} \tag{6.2.2}$$

式中：E_r——考虑垂度效应折减后的拉索弹性模量（Pa）；

E_0——拉索原始弹性模量（Pa）；

ρ_c——拉索密度（kg/m³）；

l——拉索长度（m）；

α_c——拉索倾斜角（°）；

σ——拉索平均应力（Pa）；

g——重力加速度，取为9.81m/s²。

6.2.3 采用杆系单元模拟桥梁主梁时，应根据主梁的结构形式选择与之相适应的模型进行刚度和质量分布等效模拟。

条文说明

对如图6-1a）和6-1b）所示的闭口箱形主梁断面形式，可采用单脊梁式模型；对如图6-1c）和6-1d）所示的开口分离式边梁断面形式，特别是平行索面斜拉桥或悬索桥，可采用三梁式模型进行动力特性计算以较好地模拟主梁翘曲扭转刚度效应。图 6-2 为单脊梁式与三梁式模型示意图。采用三梁式模型时，中梁与边梁的刚度和质量模拟方法按下列原则进行：

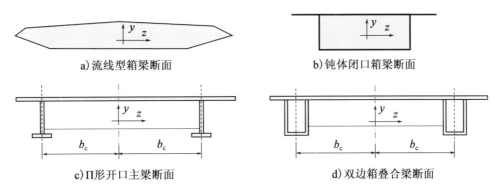

a) 流线型箱梁断面　　　　　　　b) 钝体闭口箱梁断面

c) Π形开口主梁断面　　　　　　d) 双边箱叠合梁断面

图 6-1　几种典型的主梁断面形式

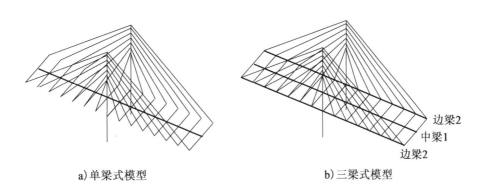

a) 单梁式模型　　　　　　　b) 三梁式模型

图 6-2　单梁式与三梁式模型有限元示意图

1　主梁面积 A 和侧向弯曲惯性矩 I_y 全部集中于中梁，即：

$$A_2 = I_{y2} = 0 \tag{6-1}$$
$$A_1 = A \tag{6-2}$$
$$I_{y1} = I_y \tag{6-3}$$

式中：A_1、A_2——中梁与边梁的面积（m^2）；

I_{y1}、I_{y2}——中梁与边梁的侧向弯曲惯性矩（m^4）。

2　主梁竖向弯曲惯性矩 I_z 的分配应由边主梁的竖向弯曲惯性矩 I_{z2} 提供所需的翘曲扭转常数 I_ω，即：

$$I_{z1} + 2I_{z2} = I_z \tag{6-4}$$
$$2I_{z2}b_c^2 = I_\omega \tag{6-5}$$

式中：b_c——边梁中心距的一半（m）；

I_{z1}、I_{z2}——中梁与边梁的竖向弯曲惯性矩（m^4）；

I_ω——主梁的翘曲扭转常数（m^6）。

3　开口断面的自由扭转常数较小，可以自由地分配给三根梁，但要保持左右的对称性。

4　全部质量 m 和质量惯性矩 I_m 可集中在中梁上，也可以分配给三根梁，由边主梁的质量提供所需的质量惯性矩，并按式（6-6）与式（6-7）计算：

$$m_1 + 2m_2 = m \tag{6-6}$$

$$2m_2 b_c^2 = I_m \tag{6-7}$$

式中：m_1、m_2——中梁与边梁的单位长度质量（kg/m）；

m——主梁的单位长度质量（kg/m）；

I_m——主梁的单位长度质量惯性矩（kg·m²/m）。

6.2.4 大跨径悬索桥、斜拉桥及拱桥的动力特性分析应考虑结构几何非线性影响。

条文说明

大跨径悬索桥、斜拉桥以及拱桥，结构在自重及恒载作用下产生的初始内力及形状的改变会影响结构的刚度，尤其是悬索桥依赖形状的改变获得结构刚度，因此在动力特性分析过程中，首先需要考虑结构的各项非线性效应，确定合理的初始线形及初始内力，动力特性分析时需要考虑初始应力引起的刚度、几何变形引起的刚度以及结构刚度总体效应，并在此基础之上通过振型模态分析获取结构的动力特性。

6.3 斜拉桥的基频估算

6.3.1 双塔斜拉桥的对称竖向弯曲基频 f_b 可按式（6.3.1-1）或式（6.3.1-2）进行估算：

无辅助墩的斜拉桥

$$f_b = \frac{110}{L} \tag{6.3.1-1}$$

有辅助墩的斜拉桥

$$f_b = \frac{150}{L} \tag{6.3.1-2}$$

式中：L——斜拉桥主跨跨径（m）；

f_b——斜拉桥对称竖向弯曲基频（Hz）。

条文说明

斜拉桥的形式较多，要得到精度高且使用方便的基频计算公式比较困难。在对已建成的斜拉桥的基频进行统计后，本规范给出了具有两个桥塔斜拉桥的一阶竖向弯曲和一阶对称扭转的经验公式。

6.3.2 双塔斜拉桥的对称扭转基频 f_t 可按式（6.3.2）进行估算：

$$f_t = \frac{C}{\sqrt{L}} \tag{6.3.2}$$

式中：C——斜拉桥扭转基频经验系数，可按表6.3.2取用；

f_t——双塔斜拉桥的对称扭转基频（Hz）。

表 6.3.2 斜拉桥扭转基频经验系数

主梁断面形状	平 行 索 面		斜 索 面	
	钢桥/叠合梁桥	混凝土主梁	钢桥/叠合梁桥	混凝土主梁
开口	10	9	12	11
半开口	12	12	14	12
闭口	17	14	21	17

注：开口指板梁式截面；半开口指分离式箱形梁截面；闭口指封闭式箱形梁截面。

6.4 悬索桥的基频估算

6.4.1 中跨简支的双塔悬索桥的反对称竖向弯曲基频 f_b^a 可按式（6.4.1）进行计算：

$$f_b^a = \frac{1}{L}\sqrt{\frac{2H_g + EI_z(2\pi/L)^2}{m}} \tag{6.4.1}$$

式中：f_b^a——反对称竖向弯曲基频（Hz）；

L——悬索桥的主跨跨径（m）；

E——主梁的弹性模量（Pa）；

I_z——主梁的竖向弯曲惯性矩（m⁴）；

H_g——恒载作用下单根主缆的水平拉力（N）；

m——桥面系、主缆与吊杆的单位长度质量（kg/m），对于平行双主缆悬索桥 $m = m_d + 2m_c$；

m_d——桥面系单位长度质量（kg/m）；

m_c——单侧主缆与吊杆单位长度质量（kg/m）。

6.4.2 主跨跨径 500m 以上的双塔悬索桥的反对称竖向弯曲基频 f_b^a 可按式（6.4.2）进行计算：

$$f_b^a = \frac{1.16}{\sqrt{f_{sg}}} \tag{6.4.2}$$

式中：f_b^a——反对称竖向弯曲基频（Hz）；

f_{sg}——主缆矢高（m）。

条文说明

当跨径大于 500m 时，$EI_z\left(\frac{2\pi}{L}\right)^2$ 一般比 $2H_g$ 小一个数量级，若取 $EI_z\left(\frac{2\pi}{L}\right)^2 = 0.2H_g$，考虑到 $H_g = \frac{mgL^2}{16f_{sg}}$，则 $f_b^a = \frac{1}{L}\sqrt{\frac{2.2H_g}{m}} = \sqrt{\frac{2.2g}{16f_{sg}}} = \frac{1.16}{\sqrt{f_{sg}}}$。

6.4.3 中跨简支的双塔悬索桥的对称竖向弯曲基频 f_b^s 可按式（6.4.3）进行估算：

$$f_b^s = \frac{0.1}{L}\sqrt{\frac{E_c A_c}{m}} \quad (6.4.3)$$

式中：f_b^s——对称竖向弯曲基频（Hz）；

E_c——主缆的弹性模量（Pa）；

A_c——单根主缆的截面积（m^2）。

条文说明

使用瑞雷法，可得到悬索桥的一阶对称竖向弯曲频率计算公式：

$$f_b = \frac{1}{2\pi}\sqrt{\frac{EI_z\left(\frac{120}{L^4}\right) + H_g\left(\frac{20}{L^2}\right) + \frac{E_c A_c}{L_E}\frac{10}{6}\left(\frac{8f_{sg}}{L^2}\right)^2 L}{m}} \quad (6\text{-}8)$$

$$L_E = \int \frac{dx}{\cos^3\alpha_c} \quad (6\text{-}9)$$

式中：α_c——主缆的水平倾角（°）。

式（6-8）中的第一、二项比最后一项一般小 1~2 个数量级，估算时可以忽略不计，考虑到 $f_{sg}/L \approx 0.1$，$L_E \approx 2L$，经过简化可得到本条文公式。

6.4.4 中跨简支的双塔悬索桥的反对称扭转基频 f_t^a 可按式（6.4.4）进行估算：

$$f_t^a = \frac{1}{L}\sqrt{\frac{\frac{H_g B_c^2}{2} + GI_d + EI_\omega\left(\frac{2\pi}{L}\right)^2}{m_d r^2 + m_c \frac{B_c^2}{2}}} \quad (6.4.4)$$

式中：f_t^a——反对称扭转基频（Hz）；

H_g——恒载作用下单根主缆的水平拉力（N）；

I_ω——主梁约束扭转常数（m^6）；

G——主梁的剪切模量（Pa）；

I_d——主梁自由扭转常数（m^4）；

r——主梁的截面惯性半径（m），可按 $r = \sqrt{I_m/m_d}$ 计算；

I_m——主梁的单位长度质量惯性矩（$kg \cdot m^2/m$）；

B_c——主缆中心距（m）。

条文说明

本条文给出的是悬索桥的一阶反对称扭转的解析式，当主梁为闭口箱梁时，可以忽略约束扭转刚度项。

6.4.5 中跨简支的双塔悬索桥的对称扭转基频 f_t^s 可按式（6.4.5）进行估算：

$$f_t^s = \frac{1}{2L}\sqrt{\frac{GI_d + 0.05256 E_c A_c (B_c/2)^2}{m_d r^2 + m_c \frac{B_c^2}{2}}} \tag{6.4.5}$$

式中：f_t^s——对称扭转基频（Hz）。

6.5 斜拉索及吊杆的频率估算公式

6.5.1 柔性吊杆（索）的频率 f_n 可按式（6.5.1）计算：

$$f_n = \frac{n}{2l}\sqrt{\frac{F}{m}} \tag{6.5.1}$$

式中：f_n——吊杆（索）的第 n 阶模态频率（Hz）；

　　　n——振型号（1、2、3…）；

　　　l——吊杆（索）的长度（m）；

　　　F——吊杆（索）的索力（N）；

　　　m——吊杆（索）的单位长度质量（kg/m）。

条文说明

　　与水平张紧弦的振动方程相似，根据达朗贝尔原理，可以推导出吊杆（索）的空间自由振动方程：

$$F\frac{\partial^2 v(x,t)}{\partial x^2} - m\frac{\partial^2 v(x,t)}{\partial t^2} = 0 \tag{6-10}$$

式中：　F——索的水平张力（N）；

　　　$v(x,t)$——水平张紧弦的振动响应（m）；

　　　x——水平张紧弦的坐标（m）；

　　　t——时间（s）。

　　根据变量分离以及边界上振型函数满足条件，可以通过式（6-11）和式（6-12）解出吊杆的振动圆频率 ω_n 与振型 $\tilde{v}_n$。

$$\omega_n = \frac{n\pi}{l}\sqrt{\frac{F}{m}} \tag{6-11}$$

$$\tilde{v}_n = A_n \sin\frac{n\pi x}{l} \tag{6-12}$$

6.5.2 两端固定支撑的 H 形截面劲性吊杆基频可按式（6.5.2-1）～式（6.5.2-3）计算：

绕弱轴弯曲振动频率　　$$f_1 = \frac{3.56}{l^2}\sqrt{\frac{EI_1}{\rho_s A} + \frac{Pl^2}{4\pi^2 \rho_s A}} \tag{6.5.2-1}$$

绕强轴弯曲振动频率 $$f_2 = \frac{3.56}{l^2}\sqrt{\frac{EI_2}{\rho_s A} + \frac{Pl^2}{4\pi^2 \rho_s A}} \quad (6.5.2\text{-}2)$$

扭转振动频率 $$f_t = \frac{3.56}{l^2}\sqrt{\frac{EI_\omega}{\rho_s I_p} + \frac{(GI_d A + PI_p)\ l^2}{4\pi^2 \rho_s A I_p}} \quad (6.5.2\text{-}3)$$

式中：f_1——吊杆绕弱轴弯曲振动频率（Hz）；

f_2——吊杆绕强轴弯曲振动频率（Hz）；

f_t——吊杆扭转振动频率（Hz）；

E——吊杆的弹性模量（Pa）；

I_1——截面绕弱轴惯性矩（m⁴）；

I_2——截面绕强轴惯性矩（m⁴）；

ρ_s——结构密度（kg/m³）；

A——横截面面积（m²）；

P——吊杆初张拉力（N）；

I_ω——截面的翘曲扭转常数（m⁶）；

I_p——截面的极惯性矩（m⁴）；

G——剪切模量（Pa）；

I_d——截面的自由扭转常数（m⁴）。

其中，H形劲性吊杆截面及强轴与弱轴示意图如图6.5.2所示。

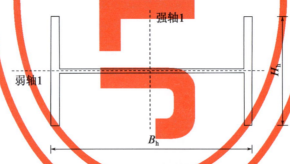

图6.5.2 H形劲性吊杆截面及强轴与弱轴示意图

6.5.3 斜拉索索平面外振动频率与内振动频率f_n可按式（6.5.3-1）~式（6.5.3-5）计算：

1 斜拉索索平面外振动频率：

$$f_n = \frac{n}{2l}\sqrt{\frac{F}{m}} \quad (6.5.3\text{-}1)$$

式中：f_n——拉索的第n阶面外模态频率（Hz）；

F——拉索索力（N）；

m——拉索单位长度质量（kg/m）；

l——拉索的计算长度（m）；

n——振型阶数（可取 1、2、3…）。

2 斜拉索的平面内反对称振动频率：

$$f_n = \frac{n}{2l}\sqrt{\frac{F}{m}} \tag{6.5.3-2}$$

式中：f_n——拉索的第 n 阶面内模态频率（Hz），n 为 2、4、6…。

3 斜拉索的平面内对称振动频率：

$$f_n = \frac{\eta}{2l\pi}\sqrt{\frac{F}{m}} \tag{6.5.3-3}$$

式中：f_n——拉索的第 n 阶面内模态频率（Hz），n 为 1、3、5、7、9…；

η——系数，按式（6.5.3-4）计算：

$$\eta = \begin{cases} -0.0017\lambda^2 + 0.1254\lambda + 3.1444 & n = 1 \\ 0.0053\lambda + 9.4239 & n = 3 \\ n\pi & n \geqslant 5 \end{cases} \tag{6.5.3-4}$$

λ——系数，按式（6.5.3-5）计算：

$$\lambda = EA(mgl\cos\alpha_c)^2/F^3 \tag{6.5.3-5}$$

A——拉索截面面积（m²）；
α_c——拉索的倾角（°）；
E——拉索的弹性模量（Pa）。

条文说明

斜拉索面内对称振动的运动方程与面内反对称振动和面外振动不同，其运动方程为：

$$\frac{\partial}{\partial s}\left\{(F+h)\frac{\partial}{\partial s}(x+u)\right\} = m\frac{\partial^2 u}{\partial t^2} + c_0\frac{\partial u}{\partial t} - mg\sin\alpha_c \tag{6-13}$$

$$\frac{\partial}{\partial s}\left\{(F+h)\left(\frac{dy}{ds}+\frac{\partial v}{\partial s}\right)\right\} = m\frac{\partial^2 v}{\partial t^2} + c_1\frac{\partial v}{\partial t} - mg\cos\alpha_c \tag{6-14}$$

$$\frac{\partial}{\partial s}\left\{(F+h)\frac{\partial w}{\partial s}\right\} = m\frac{\partial^2 w}{\partial t^2} + c_2\frac{\partial w}{\partial t} \tag{6-15}$$

式中： h——索的振动拉伸产生的附加动拉力（N）；
c_0、c_1、c_2——内阻尼系数；
u、v、w——拉索振动位移（m）；
y——索的自重方向产生的垂度；
s——弧长坐标。

本条文式（6.5.3-4）是通过数值方法求解并拟合相关系数后获得的。条文中拉索模态阶数确定示意图如图 6-3 确定。

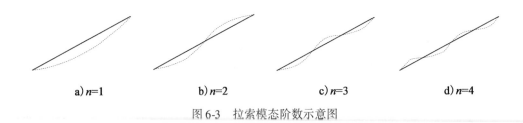

图 6-3 拉索模态阶数示意图

6.6 桥梁结构的阻尼比

6.6.1 以主梁振动为主的振型阻尼比 ζ_s 可按表 6.6.1 取值。

表 6.6.1 以主梁振动为主的振型阻尼比

主梁形式	阻 尼 比	主梁形式	阻 尼 比
钢箱梁	0.003	钢混组合梁桥	0.01
钢桁架主梁	0.005	混凝土梁	0.02

6.6.2 以桥塔振动为主的振型阻尼比 ζ_s 可按表 6.6.2 取值。

表 6.6.2 以桥塔振动为主的振型阻尼比

桥塔形式	阻 尼 比	桥塔形式	阻 尼 比
钢桥塔	0.005	钢混组合桥塔	0.01
混凝土桥塔	0.02		

6.6.3 无附加阻尼装置的拉索与吊杆结构阻尼比 ζ_s 可取为 0.001。

7 抗风承载能力极限状态设计

7.1 一般规定

7.1.1 桥梁结构及构件在风作用下的承载能力极限状态设计和检验应按下列内容考虑：

1 W1风作用水平下，与车辆等荷载组合时的结构强度、静力稳定性与极限承载力等性能。

2 W2风作用水平下，结构的强度、静力稳定性、极限承载力、静风稳定性和气动稳定性等性能。

3 W1与W2风作用水平风速区间内，桥梁结构或构件发生涡激共振的可能性。

7.2 静风稳定性

7.2.1 对主跨大于400m的斜拉桥、主跨大于600m的悬索桥应进行静风稳定性检验。

条文说明

根据目前已建公路斜拉桥和悬索桥的抗风稳定性研究和分析结果，桥梁的静风稳定性一般不控制设计，本规范偏安全地以跨径400m和600m为界分别作为斜拉桥和悬索桥静风稳定性验算的起点条件。

7.2.2 悬索桥的静风横向失稳临界风速可按式（7.2.2-1）～式（7.2.2-4）计算：

$$U_{lb} = K_{lb} \cdot f_t \cdot B \qquad (7.2.2\text{-}1)$$

$$K_{lb} = \sqrt{\frac{\pi^3 \dfrac{B}{D}\mu \dfrac{r}{b}}{1.88 C_H \varepsilon \sqrt{4.54 + \dfrac{C'_L B_c}{C_H D}}}} \qquad (7.2.2\text{-}2)$$

$$\mu = \frac{m}{\pi \rho b^2} \qquad (7.2.2\text{-}3)$$

$$\varepsilon = \frac{f_{\mathrm{t}}}{f_{\mathrm{b}}} \tag{7.2.2-4}$$

式中：U_{lb}——静风横向失稳临界风速（m/s）；

B——主梁的特征宽度（m）；

b——主梁特征宽度的一半（m），按 $B/2$ 计算；

D——主梁特征高度（m）；

B_{c}——主缆中心距（m）；

m——桥面系及主缆单位长度质量（kg/m）；

r——桥梁的惯性半径（m），$r = \sqrt{I_{\mathrm{m}}/m}$；

I_{m}——桥面系及主缆单位长度质量惯性矩（kg·m²/m）；

μ——桥梁单位长度的质量与空气密度比，按 $m/(\pi\rho b^2)$ 计算；

f_{t}——主梁扭转基频（Hz）；

f_{b}——主梁竖向弯曲基频（Hz）；

ε——扭弯频率比，$\varepsilon = f_{\mathrm{t}}/f_{\mathrm{b}}$；

C_{H}——主梁断面的横向力系数；

C_{L}'——风攻角 $\alpha = 0°$ 时主梁升力系数 C_{L} 的斜率，可通过风洞试验或虚拟风洞试验获得。

条文说明

悬索桥在静风荷载的作用下，当结构的竖向弯曲刚度和扭转刚度较小时，有可能发生类似梁侧倾的静力失稳，如图 7-1 所示。

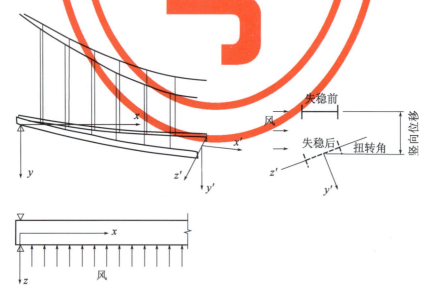

图 7-1　静风横向失稳机理示意图

对单跨悬索桥，其侧向失稳形态常为反对称形式，其临界均匀水平风载的计算公式为：

$$q_{lb} = \frac{8\pi^3 \sqrt{\overline{EI} \cdot \overline{GI_d}}}{L^3 \sqrt{K} \sqrt{K+1+\frac{C'_L B_c}{C_H D}}} \tag{7-1}$$

$$\overline{EI} = EI + \frac{l}{2\pi^2} H_g \tag{7-2}$$

$$\overline{GI_d} = GI_d + EI_\omega \frac{4\pi^2}{L^2} + \frac{B_c^2}{2} H_g \tag{7-3}$$

$$K = \frac{1}{4}\left(\frac{4\pi^2}{3}+1\right) = 3.54 \tag{7-4}$$

式中：EI——主梁的抗弯刚度（N·m²）；

GI_d——主梁的自由扭转刚度（N·m²）；

EI_ω——主梁的约束扭转刚度（N·m⁴）；

H_g——恒载作用下单根索的水平拉力（N）。

临界风速可写为：

$$U_{lb} = \sqrt{\frac{2q_{lb}}{\rho C_H D}} \tag{7-5}$$

引入刚度和频率的关系式，对一阶反对称振型，有：

$$2\pi f_b = \left(\frac{2\pi}{L}\right)^2 \sqrt{\frac{EI}{m}} \tag{7-6}$$

$$2\pi f_t = \frac{2\pi}{L}\sqrt{\frac{GI_d}{I_m}} \tag{7-7}$$

于是得到本条文公式。

7.2.3 悬索桥和斜拉桥的静风扭转发散临界风速可按式（7.2.3-1）和式（7.2.3-2）计算：

$$U_{td} = K_{td} f_t B \tag{7.2.3-1}$$

$$K_{td} = \sqrt{\frac{\pi^3}{2}\mu\left(\frac{r}{b}\right)^2 \cdot \frac{1}{C'_M}} \tag{7.2.3-2}$$

式中：U_{td}——静风扭转发散临界风速（m/s）；

C'_M——主梁扭转力矩系数 C_M 的斜率，可通过风洞试验或虚拟风洞试验得到。

条文说明

流线型的机翼，当达到某一临界飞行速度时，曾经出现过扭毁的事故。这是因为气流的静扭转力矩使机翼产生扭角，这一扭角增大了有效攻角又使气动扭转力矩增大，当气动扭转力矩的增量超过了结构抵抗力矩的增量时，会出现不稳定的扭转发散。当结构跨度较大时，桥梁断面也可能出现类似的现象。

将桥梁理想为单自由度结构,如图7-2a) 所示,扭矩力矩系数C_M随风攻角变化而变化,如图7-2b) 所示。

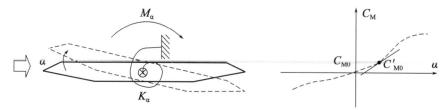

a) 单自由度结构静风扭转发散机理　　　b) 气动扭矩系数随风攻角变化

图7-2　静风扭转发散机理示意图

在某一个风攻角的平均风作用下,单位长度桥面的气动力矩为:

$$M_\alpha = \frac{1}{2}\rho U^2 B^2 C_M(\alpha) = \frac{1}{2}\rho U^2 B^2 \left[C_{M0} + \frac{dC_M}{d\alpha}\bigg|_{\alpha=0} \right] \quad (7\text{-}8)$$

由气动力矩和结构抗力矩相等的条件$M_\alpha = K_\alpha \alpha$,可以得出:

$$(K_\alpha - \lambda C'_{M0})\alpha = \lambda C_{M0} \quad (7\text{-}9)$$

式中$\lambda = \frac{1}{2}\rho U^2 B^2$,$C'_{M0} = \frac{dC_{M0}}{d\alpha}\bigg|_{\alpha=0}$。

当$\lambda = K_\alpha / C'_{M0}$时,$\alpha$将趋于无穷大,于是得到扭转发散的临界风速:

$$U_{td} = \sqrt{\frac{2K_\alpha}{\rho B^2 C'_{M0}}} \quad (7\text{-}10)$$

由上式可见,结构的扭转刚度K_α愈小,断面的空气力矩系数斜率C'_{M0}愈大,则扭转发散的临界风速愈低。引入结构抗扭刚度和扭频的关系式:$\omega_t = \sqrt{K_\alpha/I_m} = 2\pi f_t$,注意到$I_m = mr^2$,可得到本条文公式。

7.2.4 对主跨大于800m斜拉桥、主跨大于1 200m悬索桥,除按本规范第7.2.2条、第7.2.3条计算静风稳定临界风速外,尚应进行考虑几何非线性及气动力非线性效应的静风稳定性分析,必要时可通过全桥气动弹性模型试验进行检验。

7.2.5 桥梁的静风稳定性检验应满足式 (7.2.5-1) 与式 (7.2.5-2) 的要求:

$$U_{lb} > \gamma_{ai} U_d \quad (7.2.5\text{-}1)$$
$$U_{td} > \gamma_{ai} U_d \quad (7.2.5\text{-}2)$$

式中:U_{lb}——静风横向失稳临界风速 (m/s);

U_{td}——静风扭转发散临界风速 (m/s);

U_d——桥梁结构或构件的设计基准风速 (m/s);

γ_{ai}——静风稳定性分项系数,按本规范第7.2.6条选取。

7.2.6 静风稳定性分项系数γ_{ai}的确定应遵循下列规定:

1　当采用本规范第7.2.2或第7.2.3条计算静风失稳临界风速时,取为2.0。

2 当采用仅考虑气动力非线性与几何非线性的计算方法分析静风失稳临界风速时，取为1.60。

3 当采用全桥气动弹性模型风洞试验获取静风失稳临界风速时，取为1.40。

4 当采用考虑气动力非线性、几何非线性及材料非线性的计算方法分析静风失稳临界风速时，取为1.30。

条文说明

当静风稳定性分项系数取2.0时，对应风荷载的安全系数是4.0。研究表明，考虑几何非线性和气动力非线性后，所得到的静风稳定性的临界风速一般是本规范第7.2.3条所得到的临界风速的60%~70%，各种不确定性因素综合考虑1.2的不确定性系数，可得到静风稳定性分项系数为1.44~1.68，本规范取为1.60。同时考虑材料非线性时，风荷载的安全系数一般不小于1.7，对应静风稳定性分项系数为1.30。而实际风洞试验中除无法考虑材料非线性外，几何非线性与气动力非线性均自动模拟，因此静风稳定性分项系数取1.40。

7.2.7 当静风稳定性不能满足检验要求时，可通过改变构件基本气动外形、增加结构刚度或附加气动措施予以提高。

7.3 驰振稳定性

7.3.1 具有下列特征的结构或构件应进行驰振稳定性检验：
1 宽高比 $B/D < 4$ 的钢主梁；
2 钢桥塔；
3 断面驰振力系数 $C_g < 0$ 的钢构件；
4 受积冰或积雪影响的斜拉索、吊杆（索），以及受积冰或积雪影响的钢主梁。

7.3.2 当驰振力系数 $C_g < 0$ 时，驰振稳定性临界风速可按式（7.3.2）计算：

$$U_{cg} = -\frac{4m\omega_{b1}\zeta_s}{\rho C_g D} \tag{7.3.2}$$

式中：U_{cg}——驰振稳定性临界风速（m/s）；

m——构件单位长度质量（kg/m）；

ω_{b1}——结构一阶弯曲圆频率（rad/s），$\omega_{b1} = 2\pi f_{b1}$；

ζ_s——结构或构件阻尼比；

D——构件断面的特征高度（m）；

C_g——结构断面的驰振力系数，$C_g = \frac{B}{D}C_L' + C_D$，一般可通过风洞试验或虚拟风洞试验方法获取；表7.3.2给出了典型断面的驰振力系数；

B——构件断面的特征宽度（m）；

C'_L——结构断面升力系数的斜率；

C_D——结构断面阻力系数。

表 7.3.2 典型断面的驰振力系数 C_g

断面形状	C_g	断面形状	C_g
积冰 / 索上有积冰 ($t=0.06D$)	-1.0	六边形	-1.0
		凹形断面	-4.0
$B/D = 2.0$	-2.0	$B/D = 2.0$	-0.7
$B/D = 1.5$	-1.7	$B/D = 2.7$	-5.0
$B/D = 1.0$	-1.2	$B/D = 5.0$	-7.0
$B/D = 2/3$	-1.0	$B/D = 3.0$	-7.5
$B/D = 1/2$	-0.7	$B/D = 3/4$	-3.2
$B/D = 1/3$	-0.4	$B/D = 2.0$	-1.0

条文说明

驰振是一种由于钝体结构运动产生负阻尼并导致振动发散的空气动力失稳现象，在截面较钝的钢桥和钢桥塔中可能发生。当主梁和桥塔采用混凝土材料时，阻尼较大，一般不会发生驰振。

当结构发生横风向振动时，z 方向的振动产生相对速度 $\dot{z}$，该速度与来流风速 U 产生了附加攻角 $\Delta\alpha$，图 7-3 为驰振发生时附加攻角分解示意图。由此附加攻角可以表示为：

$$\Delta\alpha = \frac{-\dot{z}}{U} \tag{7-11}$$

式中：$\Delta\alpha$——由结构振动所引起的与来流风速之间的附加攻角；

$\dot{z}$——z 方向的运动速度（m/s）；

U——来流风速（m/s）。

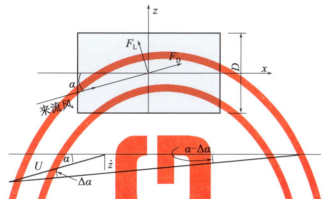

图 7-3 驰振发生时附加攻角分解示意图

在攻角 α 的来流风作用下，作用在结构上的阻力和升力可以分别表示为：

$$F_D(\alpha) = \frac{1}{2}\rho U^2 D C_D(\alpha) \tag{7-12}$$

$$F_L(\alpha) = \frac{1}{2}\rho U^2 B C_L(\alpha) \tag{7-13}$$

式中：C_D、C_L——构件的阻力系数和升力系数。

作用在结构上的气动合力 F 则可以表示为：

$$F = F_D \sin\alpha + F_L \cos\alpha = \frac{1}{2}\rho U^2 D \left(C_D \sin\alpha + \frac{B}{D} C_L \cos\alpha \right) \tag{7-14}$$

由此可以得到气动力随攻角的变化率 $\dfrac{dF}{d\alpha}$ 为：

$$\frac{dF}{d\alpha} = \frac{1}{2}\rho U^2 D \left(C_D \cos\alpha + \frac{dC_D}{d\alpha}\sin\alpha - \frac{B}{D} C_L \sin\alpha + \frac{B}{D} \frac{dC_L}{d\alpha}\cos\alpha \right) \tag{7-15}$$

在 $\alpha = 0$ 时，$\dfrac{dF}{d\alpha} = \dfrac{1}{2}\rho U^2 b C_g$，其中 $C_g = C_D + \dfrac{B}{D}\dfrac{dC_L}{d\alpha}$，则 $\Delta F \cong \dfrac{1}{2}\rho_a U^2 D C_g \Delta\alpha$，带入 $\Delta\alpha = -\dot{z}/U$，则可以得到：

$$\Delta F \cong \frac{1}{2}\rho U^2 D C_g \left(-\frac{\dot{z}}{U} \right) = -\frac{1}{2}\rho U D C_g \dot{z} \tag{7-16}$$

当 $C_g < 0$ 时，力的变化与速度的方向相反，由此产生了负阻尼。但气动力引起的负阻尼需要大于结构自身阻尼才会导致结构的驰振发散，因此 $C_g < 0$ 是判别驰振的必要条件。

7.3.3 变截面连续钢梁桥的驰振力系数 C_g 可按式（7.3.3-1）计算。当 $C_g < 0$ 时，驰振临界风速可按式（7.3.3-2）计算，必要时应通过气动弹性模型试验进行获取。

$$C_g = \frac{\sum_{i=1}^{n} C_{g,i} \phi_{y,i}^2 \frac{\Delta L_i}{L}}{\sum_{i=1}^{n} \phi_{y,i}^2 \frac{\Delta L_i}{L}} \tag{7.3.3-1}$$

$$U_{cg} = -\frac{4\tilde{m}\omega_{b1}\zeta_s}{\rho C_g B} \tag{7.3.3-2}$$

式中：U_{cg}——驰振临界风速（m/s）；

$C_{g,i}$——第 i 分段的主梁断面的驰振力系数，$C_{g,i} = \frac{dC_{L,i}}{d\alpha} + C_{D,i}$，其相应系数可通过风洞试验或虚拟风洞试验方法获取；

$\frac{dC_{L,i}}{d\alpha}$——第 i 分段升力系数斜率，其中变截面连续梁的升力系数 $C_{L,i}$ 按梁宽 B 定义；

$C_{D,i}$——第 i 分段阻力系数，其中变截面连续梁的阻力系数按梁宽 B 定义；

B——主梁的特征宽度（m）；

$\tilde{m}$——振型等效质量，$\tilde{m} = \left(\sum_{i=1}^{n} m_i \phi_{y,i}^2 \frac{\Delta L_i}{L}\right) \Big/ \left(\sum_{i=1}^{n} \phi_{y,i}^2 \frac{\Delta L_i}{L}\right)$。

m_i——第 i 分段的主梁单位长度质量（kg/m）；

n——主梁分段段数；

ΔL_i——第 i 分段的主梁长度（m）；

L——主梁全长（m）；

$\phi_{y,i}$——一阶竖弯模态在第 i 分段中点处的振形位移值。

条文说明

变截面结构在驰振稳定性判别中，需要考虑气动力沿跨长方向的不均匀分布。在考虑振型特征的基础之上，将气动力的负阻尼效应按照结构最低阶弯曲振型形态综合考虑，由此可以获得驰振临界风速。一般变截面连续梁桥宽沿桥轴向不变，为方便起见，本条文中的阻力系数 C_D 是以桥宽 B 作为参考定义的，即 $F_D = \frac{1}{2}\rho U^2 C_D B$。

7.3.4 钢桥塔及跨径大于 100m 的钢梁桥的驰振稳定性应在模拟结构阻尼比的条件下通过气动弹性模型试验进行检验。

7.3.5 桥梁及构件的驰振稳定性检验应满足式（7.3.5）的要求：

$$U_{cg} > \gamma_{cg} U_d \tag{7.3.5}$$

式中：U_{cg}——桥梁及构件驰振临界风速（m/s）；
　　　U_d——桥梁或构件的设计基准风速（m/s）；
　　　γ_{cg}——驰振稳定性分项系数，取为1.2。

7.3.6 当驰振稳定性不满足检验要求时，可通过改变构件基本气动外形、附加气动措施或阻尼措施予以提高。

7.4 尾流驰振

7.4.1 当斜拉索、吊杆（索）的中心距介于2～20倍直径时宜进行尾流驰振检验。

条文说明

尾流驰振现象一般发生在两个或多个柱体的情况。如果下游柱体位于上游柱体尾流靠外的大约1/4处，那么它就进入了驰振不稳定性区，在这个区间将开始出现驰振运动，其振幅一直增大到明显的极限环为止。这种运动是沿椭圆轨道的大幅度振动，椭圆长半轴近似沿主流的方向。图7-4为尾流驰振发生条件示意图，图7-5是为尾流驰振典型的运动迹线。

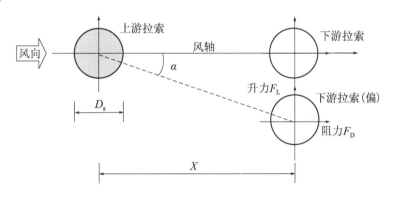

图7-4 尾流驰振发生条件示意图

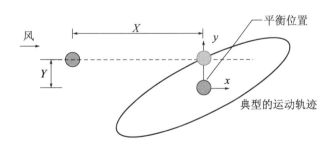

图7-5 尾流驰振典型运动轨迹

7.4.2 斜拉索和吊杆（索）的尾流驰振临界风速可按式（7.4.2）计算，也可通过模拟阻尼条件下的节段模型振动试验或气动弹性模型试验直接获得。

$$U_{wg} = C_{wg} f_i D_c \sqrt{\frac{m\zeta_s}{\rho D_c^2}} \tag{7.4.2}$$

式中：U_{wg}——尾流驰振临界风速（m/s）；

C_{wg}——常数，当沿风向上下游索中心距 2~6 倍索直径时取 25，6~10 倍索直径时取 40，10~20 倍索直径时取 80；

f_i——斜拉索或吊杆（索）第 i 阶振动频率（Hz）；

m——构件单位长度质量（kg/m）；

ζ_s——结构或构件阻尼比；

ρ——空气密度（kg/m³），一般取为 1.25kg/m³；

D_c——斜拉索或吊杆（索）的直径（m）。

条文说明

近年来在多个桥梁运营过程中，均不同程度地发现吊杆尾流驰振现象，有的甚至引起拉索或吊杆的相互碰撞。当距离较近的拉索或吊杆的频率较低时，在较低的风速下也会产生较大的尾流驰振。提高拉索或吊杆的阻尼比或频率能提高尾流驰振临界风速，其中增加结构频率的效果更为明显。

以悬索桥或拱桥的吊杆为例，吊杆的间距往往小于吊杆直径的 6 倍。若 $(m\zeta_s)/(\rho D_c^2) = 10$，吊杆直径 $D_c = 0.1\text{m}$，吊杆频率 1Hz，则 $U_{wg} = 7.9\text{m/s}$。当吊杆间距超过 10 倍直径时，$U_{wg} = 25.3\text{m/s}$。由此可见，尾流驰振在吊杆间距较近的时候发生可能性更高。斜拉桥的拉索顺桥向间距一般较大，但在斜拉桥的尾索区如果拉索布置密集，同样存在因为距离较近而发生尾流驰振的风险。

7.4.3 尾流驰振稳定性检验应满足式（7.4.3）的要求：

$$U_{wg} > \gamma_{wg} U_d \tag{7.4.3}$$

式中：U_{wg}——构件尾流驰振临界风速（m/s）；

U_d——构件的设计基准风速（m/s）；

γ_{wg}——尾流驰振稳定性分项系数，取为 1.2。

7.4.4 当尾流驰振稳定性不满足要求时，可按本规范第 9.4.7 条选择适宜的振动控制措施。

7.5 颤振稳定性

7.5.1 桥梁的颤振稳定性指数 I_f 应按式（7.5.1）计算：

$$I_f = \frac{K_s}{\sqrt{\mu}} \cdot \frac{U_d}{f_t B} \tag{7.5.1}$$

式中：U_d——桥梁或构件的设计基准风速（m/s）；

K_s——与截面形状有关的系数，闭口箱梁取 12，半开口断面取 15，开口、桁架等截面取 22；

μ——桥梁结构与空气的密度比，$\mu = m/(\pi\rho b^2)$；

b——主梁断面半宽（m）；

m——桥梁单位长度质量（kg/m），对悬索桥包含主缆与吊杆的质量，对斜拉桥包含斜拉索的质量；

f_t——主梁的扭转基频（Hz）。

条文说明

颤振稳定性指数是一个判别桥梁颤振性能的综合性指数，由同济大学项海帆教授提出。该指数表征了颤振稳定性能要求与桥梁颤振稳定性的关系，并可以较综合地反映桥梁所在地的风环境与结构的刚度、质量以及桥梁主梁气动外形之间的关系。具体推导过程如下：

$$I_f = \frac{\gamma_f \gamma_t \gamma_\alpha U_d}{U_f} = \frac{\gamma_f \gamma_t \gamma_\alpha U_d}{\eta_s \eta_\alpha \cdot 2.5\sqrt{\mu \frac{r}{b} f_t B}} = \frac{\gamma_f \gamma_t \gamma_\alpha}{\eta_s \eta_\alpha \cdot 2.5\sqrt{\mu \frac{r}{b}}} \cdot \frac{U_d}{f_t B} = \frac{K_s}{\sqrt{\mu}} \cdot \frac{U_d}{f_t B} \quad (7\text{-}17)$$

考虑到式中的大多数参数的取值范围比较有限，但 η_s 与 μ 的取值范围比较大，将 η_s 的取值归类为闭口箱梁、半开口断面形式，以及开口和桁架等三类，引入一个表征与截面形状有关的系数 K_s。图7-6 以斜索面闭口钢箱梁斜拉桥与开口断面斜拉桥为例给出了 I_f 与主跨跨径的关系。

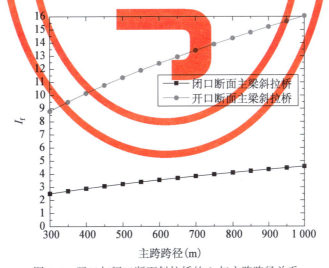

图7-6 开口与闭口断面斜拉桥的 I_f 与主跨跨径关系

7.5.2 成桥状态下的双塔斜拉桥可按对称扭转基频检验颤振稳定性；成桥状态下的双塔悬索桥可取对称与反对称扭转基频的较小值检验颤振稳定性；当结构复杂或扭转振型难以辨识时，宜通过振型分析确定扭转振型及其频率并进行颤振稳定性的检验。

7.5.3 桥梁的颤振稳定性检验按下列原则进行：

1 当颤振稳定性指数 $I_f < 2$ 时，可按本规范第 7.5.4 条规定计算桥梁的颤振临界风速。

2 当颤振稳定性指数 $2 \leq I_f < 4$ 时，可按本规范第 7.5.4 条规定计算桥梁的颤振临界风速，也可通过节段模型风洞试验或虚拟风洞试验进行检验。

3 当颤振稳定性指数 $4 \leq I_f < 10$ 时，应利用节段模型风洞试验或虚拟风洞试验进行主梁的气动选型，并通过节段模型风洞试验或全桥气动弹性模型试验进行检验。

4 当颤振稳定性指数 $I_f \geq 10$ 时，应利用节段模型风洞试验或虚拟风洞试验进行主梁的气动选型，并通过节段模型风洞试验和全桥气动弹性模型试验以及详细的颤振稳定性分析进行检验。

条文说明

颤振稳定性指数越大，对颤振稳定性的要求就越高，表 7-1 给出了一些桥梁的颤振稳定性指数。

表 7-1 我国代表性桥梁的颤振稳定性指数

桥 名	桥 型	主跨跨径（m）	U_d（m/s）	K_s	m（t/m）	f_t（Hz）	I_f
苏通长江大桥	斜拉桥	1 088	49.7	12	32.17	0.53	6.2
九江长江大桥	斜拉桥	818	34.6	12	33.1	0.61	3.7
上海杨浦大桥	斜拉桥	602	43.6	22	44	0.51	8.9
舟山西堠门大桥	悬索桥	1 650	55.1	12	27.5	0.215	18.4
润扬长江大桥悬索桥	悬索桥	1 490	37.4	12	30.63	0.231	11.0
泰州长江大桥	悬索桥	1 080	39.4	12	29.5	0.266	10.3
矮寨大桥	悬索桥	1 000	34.9	22	27	0.303	15.3
上海卢浦大桥	拱桥	550	39.4	12	38.9	1.315	1.8
宁波明州大桥	拱桥	450	37.6	12	47.2	1.264	1.6

注：表中 m 均计入了主缆、吊杆以及斜拉索的质量。

7.5.4 当桥梁的颤振稳定性指数 $I_f < 4$ 时，颤振临界风速可按式（7.5.4-1）和式（7.5.4-2）计算：

$$U_f = \eta_s \eta_\alpha U_{co} \qquad (7.5.4\text{-}1)$$

$$U_{co} = 2.5 \sqrt{\mu \frac{r}{b}} f_t B \qquad (7.5.4\text{-}2)$$

式中：U_f——桥梁的颤振临界风速（m/s）；

U_{co}——与主梁相同宽度的理想平板颤振临界风速（m/s）；

η_s——形状系数，可按表 7.5.4 取用；

η_α——攻角效应系数，可按表7.5.4取用。

表7.5.4 形状系数 η_s 和攻角效应系数 η_α

截面形状		形状系数 η_s 主跨材质			攻角效应系数 η_α
		钢	组合结构	混凝土	
理想平板		1	1	1	—
矩形断面		0.5	0.55	0.60	0.80
带挑臂箱梁		0.65	0.70	0.75	0.70
带斜腹板箱梁		0.60	0.70	0.90	0.70
流线型箱梁		0.70	0.70	0.80	0.80
带分流板的流线型箱梁		0.80	0.80	0.80	0.80
开口板梁		0.35	0.40	0.50	0.85
分离双箱梁		1.0	—	—	0.80
P-K梁		0.7	—	—	0.70
桁架梁		0.35	—	—	0.70

条文说明

表7.5.4中的数据是先按平板颤振理论计算出平板颤振临界风速 U_{co}，然后通过节段模型试验直接测出不同风攻角下的颤振临界风速。0°风攻角下的颤振临界风速与平板颤振临界风速 U_{co} 之比为断面形状系数 η_s，+3°和－3°风攻角范围内的最小颤振临界风速与0°风攻角下的颤振临界风速之比为攻角效应系数 η_α。

常用的平板颤振临界风速 U_{co} 计算公式有：

1 Van der Put 公式

根据 Theodorson 平板气动力的精确表达式，由 Klöppel 等算出无量纲参数的诺谟图（其中偏保守地忽略了结构阻尼比），Van der Put 将诺谟图中的曲线拟合成近似的直线形式，表示为：

$$U_{co} = \left[1 + (\varepsilon - 0.5)\sqrt{\left(\frac{r}{b}\right) \cdot 0.72\mu}\right]\omega_b \cdot b \qquad (7\text{-}18)$$

式中：ε——扭弯频率比，$\varepsilon = \dfrac{\omega_t}{\omega_b} = \dfrac{f_t}{f_b}$；

μ——桥面单位长度的质量与空气的密度比，$\mu = \dfrac{m}{\pi \rho b^2}$；

b——主梁特征宽度的一半（m），按 $B/2$ 计算；

r——桥梁的惯性半径（m），$r = \sqrt{\dfrac{I_m}{m}}$。

2 Selberg 公式

根据 Theodorson 的平板气动力公式，Selberg 根据 Bleich 的颤振解得出的近似公式：

$$U_{co} = 0.44 B \omega_t \sqrt{\left(1 - \dfrac{\omega_t^2}{\omega_b^2}\right) \dfrac{\sqrt{\bar{v}}}{\bar{\mu}}} \tag{7-19}$$

式中：$\bar{\mu}$——空气与桥面的密度比，$\bar{\mu} = \dfrac{\pi \rho B^4}{4m} = \dfrac{1}{\mu}$；$\bar{v} = 8\left(\dfrac{r}{B}\right)^2 = 2\left(\dfrac{r}{b}\right)^2$。

Selberg 公式计算结果略高于 Van der Put 公式，因其考虑了阻尼的有利影响。

3 项海帆公式

同济大学项海帆教授将 Klöppel 的诺谟图近似地拟合成通过原点的直线，并对斜率作适当调整，此时可消去影响较小的参数 ε，得到简化计算公式：

$$U_{co} = 2.5 \sqrt{\mu \dfrac{r}{b}} B f_t \tag{7-20}$$

图 7-7 对三种不同的平板颤振临界风速计算方法的差异性进行了比较。在桥梁常见的扭弯频率比 1.5～3 范围内，Van der Put 公式与项海帆公式结果比较接近；而 Selberg 受扭弯频率比影响较大，其结果总体上偏大，而在扭弯频率比小于 1.5 时，结果比另外两种偏小。

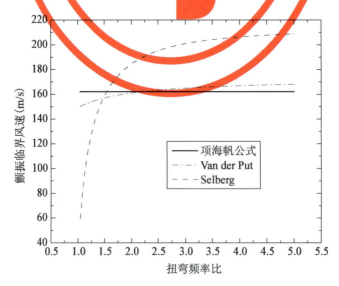

图 7-7 平板颤振临界风速三种计算方法比较

项海帆公式形式简单、计算方便，本规范中表 7.5.4 的参数也是基于该公式给出的。

7.5.5 应在均匀流场风攻角 -3°、0°和+3°的工况下进行颤振稳定性的检验；对山区等风场攻角效应较为明显的地区，宜增加 -5°和+5°风攻角下的工况；对于一些特别地形地区，可增加 -7°和+7°风攻角下的工况。

条文说明

一般桥梁在大风作用下平均风攻角范围在 -3°到+3°之间，为了考虑不利风攻角的影响，颤振稳定性检验一般选择 -3°、0°、+3°三个风攻角工况。对于一些处于山区的桥梁，已有的研究报告发现受山区局部地形的影响桥位存在较大的风攻角，因此山区桥梁的颤振稳定性检验可以考虑增加 -5°和+5°风攻角工况。对于一些特别地形地区，如弯道桥梁、平行于山坡的桥梁等，受到结构构件空间姿态或山坡气流的影响，风攻角效应更加明显，此时可考虑 -7°和+7°风攻角工况。

7.5.6 采用节段模型振动试验进行颤振稳定性检验时，若无明显颤振发散现象，可在模拟阻尼比的条件下取扭转位移标准差为 0.5°时对应的试验风速经换算后作为颤振临界风速值。

条文说明

对截面形状较钝的桥梁，在进行节段模型风洞试验时，当扭转位移在某个风速下出现明显的发散现象时，如图 7-8a)所示，称之为"硬"颤振现象；但在试验中有时会观测不到明显的颤振发散点，但模型振动振幅随风速的增加逐渐增加，在模拟阻尼比的条件下，当扭转位移标准差达到 0.5°时，也把它看成颤振失稳，称之为"软"颤振，如图 7-8b)所示。

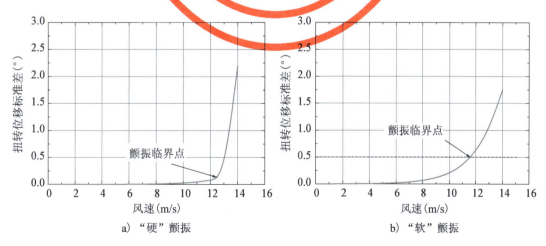

图 7-8 "硬"颤振与"软"颤振的振幅随风速变化曲线

7.5.7 不宜采用实腹式劲性 H 形吊杆，当采用实腹式劲性 H 形吊杆时，其颤振临界风速可按式（7.5.7）近似计算：

$$U_f = 7.5 f_t B_h \tag{7.5.7}$$

式中：U_f——H 形吊杆的颤振临界风速（m/s）；

B_h——H 形吊杆的截面宽度（m），其取值可按本规范图 6.5.2 确定；

f_t——H 形吊杆的扭转基频（Hz）。

条文说明

实腹式劲性 H 形吊杆由钢板焊接而成，常见形式为 H 形或箱形。它具有刚度大，结构简单，与主结构同寿命的优点。但其空气动力学性能不佳，国内外发生过多次吊杆风致振动病害事故，早期研究认为这种细长杆件的风致振动主要是涡振和驰振。2006年 7~8 月，我国建设的两座大跨度钢拱桥的 H 形吊杆相继发生严重的扭转风振现象，30~40m 长的吊杆上下连接处的翼板几乎完全断裂，这种振动被证实为是一种颤振。表 7-2 为几种不同宽高比条件下的实腹式 H 形吊杆颤振临界风速试验结果。

表 7-2 实腹式 H 形吊杆颤振临界风速试验结果

宽高比 B_h/H_h	0.75	1.0	1.6	2.4
$U_f/(f_t B_h)$	9.1	8.9	12.2	7.6

7.5.8 桥梁或构件的颤振稳定性应按式（7.5.8）检验：

$$U_f > \gamma_f \gamma_t \gamma_\alpha U_d \tag{7.5.8}$$

式中：U_f——桥梁或构件的颤振临界风速（m/s）；

U_d——桥梁或构件的设计基准风速（m/s）；

γ_f——颤振稳定性分项系数，当采用本规范第 7.5.4 条、第 7.5.7 条计算颤振临界风速时取 1.4，采用风洞试验方法获取颤振临界风速时取 1.15，采用虚拟风洞试验方法时取 1.25；

γ_t——风速脉动空间影响分项系数，可按表 7.5.8 选取，对 H 形吊杆取 1.0；

γ_α——攻角效应分项系数，当风攻角 α 为 +3°、0°、-3° 时，取为 1.0；当风攻角 α 为 +5° 或 -5° 时，可取 0.7；当风攻角 α 为 +7° 或 -7° 时，可取 0.5；H 形吊杆的攻角效应均取 1.0。

表 7.5.8 风速脉动空间影响分项系数 γ_t

主跨跨径 (m)	地表类别			
	A	B	C	D
100	1.30	1.36	1.43	1.49
200	1.27	1.33	1.39	1.44
300	1.25	1.30	1.37	1.42
400	1.24	1.29	1.35	1.40

表7.5.8（续）

主跨跨径 (m)	地 表 类 别			
	A	B	C	D
500	1.23	1.28	1.33	1.38
650	1.22	1.27	1.31	1.36
800	1.21	1.26	1.30	1.35
1 000	1.20	1.25	1.28	1.33
1 200	1.20	1.24	1.27	1.31
1 500	1.19	1.22	1.25	1.29
1 800	1.18	1.20	1.23	1.27
2 000	1.17	1.19	1.22	1.26

条文说明

由于颤振临界风速一般在均匀流场中得到，所以其颤振检验风速应考虑紊流的影响，本条文引入了风速脉动空间影响分项系数γ_t，其计算原理如下。

对图7-9中所示的水平方向的结构物，在x处，时间t时，单位长度所受风压为：

$$p(x,t) = \frac{1}{2}\rho C_H D(U+u)^2 \approx \bar{p} + \frac{2\bar{p}}{U}u(x,t) \quad (7-21)$$

式中：ρ——空气密度（kg/m³），一般取为1.25kg/m³；

C_H——主梁横向力系数；

D——主梁的特征高度（m）；

U——高度Z处的平均风速（m/s）；

u——风的水平脉动分量（m/s）。

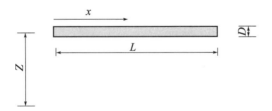

图7-9 水平方向的结构物示意

于是，桥梁主梁上的总压力为：

$$P_{to}(t) = \int_0^L p(x,t)dx = \bar{P} + \int_0^L \frac{2\bar{p}}{U}u(x,t)dx = \bar{P} + P(t) \quad (7-22)$$

式中：L——主梁主跨跨径（m）；

$\bar{P}$——$\bar{P} = \bar{p}L$。

将上式中的脉动压力部分进行傅立叶变换，并设有下列映射：

$$P^T(t) = 0 \qquad t < -T \text{ 或者 } t > T$$
$$P^T(t) = P(t) \qquad -T \leq t \leq T$$

于是脉动压力的傅立叶变换可写为：

$$F_p(f) = \int_{-\infty}^{+\infty} P^T(t)e^{-i\cdot 2\pi ft}dt = \int_{-\infty}^{+\infty}\int_0^l \frac{2\bar{P}}{U}u^T(x,t)e^{-i\cdot 2\pi ft}dtdx = \int_0^l \frac{2\bar{p}}{U}F_u(x,f)dx \quad (7\text{-}23)$$

式中，$F_u(x,f) = \int_{-\infty}^{+\infty} u^T(x,t)e^{-i\cdot 2\pi ft}dt$ 为脉动风速 $u^T(x,t)$ 的傅立叶变换。$F_p(f)$ 的共轭复数 $F_p^*(f)$ 为：

$$F_p^*(f) = \int_{-T}^{T} P^T(t)e^{i\cdot 2\pi ft}dt = \frac{2\bar{p}}{U}\int_{-T}^{T} F_u^*(x,f)dx \quad (7\text{-}24)$$

式中，$F_u^*(x,f)$ 为 $F_u(x,f)$ 的共轭复数。$P(t)$ 的功率谱密度函数为：

$$\begin{aligned}
S_P(f) &= \lim_{T\to\infty}\frac{1}{2T}E[F_p(f)F_p^*(f)] \\
&= \lim_{T\to\infty}\frac{1}{2T}\left(\frac{2\bar{p}}{U}\right)^2\int_0^L\int_0^L E[F_u(x_1,f)F_u^*(x_2,f)]dx_1 dx_2 \\
&= \left(\frac{2\bar{p}}{U}\right)^2\int_0^L\int_0^L \lim_{T\to\infty}\frac{1}{2T}E[F_u(x_1,f)F_u^*(x_2,f)]dx_1 dx_2 \\
&= \left(\frac{2\bar{p}}{U}\right)^2\int_0^L\int_0^L S_u(x_1,x_2,f)dx_1 dx_2
\end{aligned} \quad (7\text{-}25)$$

式中，$S_u(x_1,x_2,f)$ 为桥跨 x_1，x_2 处的频率谱密度，按 Davenport 给出的关系式，有：

$$S_u(x_1,x_2,f) = e^{\frac{-K_1 n}{U}|x_1-x_2|}S_u(f) \quad (7\text{-}26)$$

式中，$S_u(f)$ 为风速水平脉动分量的自功率谱。于是，式（7-25）可写为：

$$S_p(f) = \left(\frac{2\bar{p}}{U}\right)^2 S_u(f)\int_0^L\int_0^L e^{\frac{-K_1 n}{U}|x_1-x_2|}dx_1 dx_2 = \left(\frac{2\bar{p}}{U}\right)^2 S_u(f)|\chi_u(f)|^2 \quad (7\text{-}27)$$

式中，$|\chi_u(f)|^2$ 表示脉动风速沿桥轴方向的空间效果，具有空气导纳的意义：

$$|\chi_u(f)|^2 = \frac{1}{L^2}\int_0^L\int_0^L e^{\frac{-K_1 n}{U}|x_1-x_2|}dx_1 dx_2 = \frac{2}{\gamma^2}(\gamma - 1 + e^{-\gamma}) \quad (7\text{-}28)$$

式中，$\gamma = \dfrac{K_1 L n}{U}$。$K_1$ 为脉动风的相关系数。于是，脉动风压的根方差为：

$$\sigma_p = \left[\int_0^\infty S_p(f)df\right]^2 \quad (7\text{-}29)$$

按 Davenport 理论，则最大风压的期望值为：

$$E[P_{\text{tamax}}] = \bar{p} + g\sigma_p \quad (7\text{-}30)$$

$$g = \sqrt{2\ln(n_0 T)} + \frac{0.5772}{\sqrt{2\ln(n_0 T)}} \quad (7\text{-}31)$$

$$n_0 = \left[\int_0^\infty f^2 S_p(f) df\right]^{\frac{1}{2}} / \sigma_p \qquad (7\text{-}32)$$

于是，得到风速脉动空间影响分项系数 γ_t：

$$\gamma_t = \sqrt{\frac{E[P_{tamax}]}{\overline{P}}} = \sqrt{1 - \frac{g\sigma_p}{P}} \qquad (7\text{-}33)$$

对风速脉动空间影响分项系数 γ_t 的计算表明：对同类地表，γ_t 随基本风速变化较小，随桥面高度虽有变化，但不敏感；随水平相关系数的变化亦不大，但受地表类别变化的影响较大。对大跨径桥梁，桥梁高度一般为 30~70m，设计基准风速一般为 20~50m/s，因而建议采用设计基准风速为 40m/s，桥面高度为 40m，水平相关系数为 7 时的计算结果，通过分析即可得到本条文中的风速脉动空间影响分项系数 γ_t。其中由于对 C 类和 D 类地表采用 Kaimal 水平风谱将过高估计结构响应 5% 左右，因此表中结果亦进行了相应的折减。

7.5.9 当结构或构件的颤振检验不满足要求时，应通过改变构件基本气动外形、附加气动措施或改变结构体系予以提高。

7.6 涡激共振

7.6.1 在 W1 与 W2 风作用水平风速区间内，结构或构件应避免发生涡激共振，并按本规范第 8.2.1 条~第 8.2.5 条进行检验。

7.7 施工阶段的抗风稳定性检验

7.7.1 斜拉桥宜针对最大双悬臂和最大单悬臂等关键施工阶段进行静风稳定性、驰振稳定性与颤振稳定性的检验。

7.7.2 悬索桥主缆的施工猫道宜进行静风稳定性、驰振稳定性与颤振稳定性的检验。

7.7.3 当悬索桥主梁采用逐段拼装架设时，应针对主梁架设全过程进行静风稳定性、驰振稳定性与颤振稳定性的检验。

条文说明

悬索桥在主梁架设过程中存在颤振稳定性的低谷。在施工组织设计时应考虑该因素对工期的影响，主要需考虑施工过程中结构刚度的变化、抗风性能的变化，并根据桥位大风季节性变化合理安排工期。图 7-10 为润扬长江大桥悬索桥施工阶段的颤振临界风速随拼装率变化曲线图，其中主梁拼装率为主跨已拼装的主梁长度与主跨主梁全长长度之比。

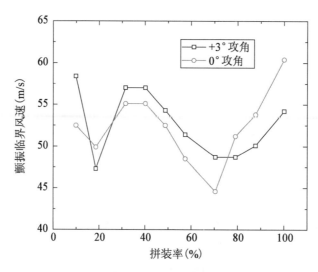

图 7-10 颤振临界风速随拼装率变化规律

7.7.4 施工阶段的钢桥塔、钢连续梁的驰振稳定性检验应满足式（7.7.4）的要求：

$$U_{cg} > \gamma_{cg} U_{sd} \tag{7.7.4}$$

式中：U_{cg}——桥梁及构件施工阶段的驰振临界风速（m/s）；

U_{sd}——桥梁或构件基准高度处施工阶段的设计风速（m/s）；

γ_{cg}——驰振稳定性分项系数，取为 1.2。

7.7.5 施工阶段结构或构件的颤振稳定性应按式（7.7.5）检验：

$$U_f > \gamma_f \gamma_t \gamma_\alpha U_{sd} \tag{7.7.5}$$

式中：U_f——桥梁或构件的施工阶段的颤振临界风速（m/s）；

γ_f——颤振稳定性分项系数，按本规范第 7.5.8 条确定；

γ_t——风速脉动空间影响分项系数，按本规范第 7.5.8 条确定；

γ_α——攻角效应分项系数，按本规范第 7.5.8 条确定。

8 抗风正常使用极限状态设计

8.1 一般规定

8.1.1 桥梁结构及构件在风作用下的正常使用极限状态设计和检验应按下列内容考虑：
1 W1 风作用水平下，与车辆等荷载组合时的结构刚度、耐久性、行车或行人安全性及舒适性等。
2 W2 风作用水平及以下，结构疲劳易损构件的抗疲劳性能。

8.2 涡激共振

8.2.1 混凝土桥梁结构或构件以及基频大于5Hz的钢桥，可不进行涡激共振检验。

条文说明

混凝土桥梁结构或构件由于阻尼比较大，气动负阻尼不足以克服结构阻尼，一般不会发生涡激共振，可以不进行涡激共振检验。当结构基频大于5Hz时，对比较钝的断面，其 Strouhal 数 S_t 一般在0.2左右，由于 $S_t = fD/U$，则有涡激共振起振风速为 $U = fD/S_t = 5D/S_t$。假设主梁梁高2m，则涡激共振起振风速为 $U = 10/S_t = 10/0.2 = 50\text{m/s}$。

8.2.2 具有下列特征的桥梁结构或构件应进行涡激共振检验：
1 频率小于5Hz的钢构件；
2 主跨跨径大于100m的钢桥；
3 主跨跨径大于100m的钢与混凝土组合桥梁；
4 钢桥塔或钢与混凝土混合桥塔。

8.2.3 涡激共振检验应按下列原则进行：
1 当钢梁桥主跨跨径 $L<100\text{m}$ 时，可按本规范第8.2.6条~第8.2.8条进行。
2 当钢梁桥主跨跨径 $L\geqslant100\text{m}$ 时，应利用全桥气动弹性模型试验进行涡激共振检验。
3 当斜拉桥或悬索桥主跨跨径 $100\text{m}\leqslant L<400\text{m}$ 时，宜利用节段模型风洞试验或虚拟风洞试验进行涡激共振检验。

4 当斜拉桥主跨跨径400m≤L<800m、悬索桥主跨跨径400m≤L<1 200m时，应利用节段模型风洞试验进行涡激共振检验。

5 当斜拉桥主跨跨径L≥800m、悬索桥主跨跨径L≥1 200m时，应利用节段模型风洞试验进行涡激共振检验，必要时可通过比例不小于1:30的节段模型风洞试验进一步检验。

8.2.4 涡激共振检验宜在均匀流场、0.25倍设计紊流强度流场、桥址设计紊流强度流场中进行，并测定涡激共振起振风速、锁定区间以及振动振幅，并以0.25倍设计紊流强度流场作为最终涡激共振评价依据。

8.2.5 涡激共振风洞试验的模型应准确模拟结构构件、附属构件和设施的气动外形。

条文说明

桥梁的附属构件和设施，如施工塔吊、楼梯、检修车轨道、栏杆、风障、声屏障及路缘石等，其形状与位置均会对涡激共振产生影响。

8.2.6 跨径小于200m的实腹式桥梁的竖向涡激共振起振风速与扭转涡激共振起振风速可按式（8.2.6-1）和式（8.2.6-2）计算：

$$U_{vh} = 2.0 f_b B \quad (8.2.6\text{-}1)$$
$$U_{vt} = 1.33 f_t B \quad (8.2.6\text{-}2)$$

式中：U_{vh}——竖向涡激共振起振风速（m/s）；
　　　U_{vt}——扭转涡激共振起振风速（m/s）；
　　　B——主梁的特征宽度（m），如图8.2.6所示；
　　　f_b——竖向弯曲振动频率（Hz）；
　　　f_t——扭转振动频率（Hz）。

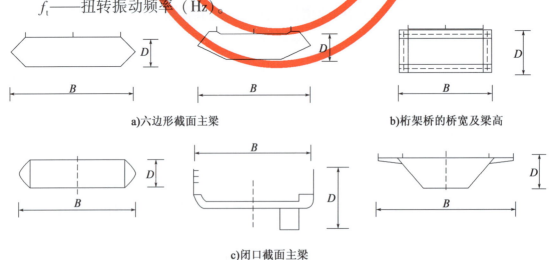

a) 六边形截面主梁　　b) 桁架桥的桥宽及梁高

c) 闭口截面主梁

图8.2.6 桥面的宽度和高度取值

8.2.7 跨径小于200m的实腹式桥梁竖向涡激共振振幅可按式（8.2.7-1）~式（8.2.7-4）估算：

$$h_v = \frac{E_h E_{th}}{2\pi m_r \zeta_s} B \tag{8.2.7-1}$$

$$m_r = \frac{m}{\rho B^2} \tag{8.2.7-2}$$

$$E_h = 0.065 \beta_{ds} \left(\frac{B}{D}\right)^{-1} \tag{8.2.7-3}$$

$$E_{th} = 1 - 15\beta_t \left(\frac{B}{D}\right)^{1/2} I_u^2 \geqslant 0 \tag{8.2.7-4}$$

式中：h_v——竖向涡激共振振幅（m）；

m——桥梁单位长度质量（kg/m）。对变截面桥梁，可取1/4跨径处的平均值；对斜拉桥应计入斜拉索质量的一半；对悬索桥应计主缆质量；

ζ_s——桥梁结构阻尼比；

β_{ds}——形状修正系数，对宽度小于1/4有效高度，或具有垂直腹板的钝体断面，取为2；对六边形断面或宽度大于1/4有效高度或具有斜腹板的钝体断面，取为1；

D——主梁特征高度（m），如图8.2.6所示；

β_t——系数，对六边形截面取0，其他断面取1；

I_u——纵向脉动风速设计紊流强度，可按本规范表4.3.1选取，也可按 $I_u = 1/\ln(Z/z_0)$ 确定；

Z——桥面基准高度（m）；

z_0——桥址处的地表粗糙高度（m），可按表4.2.1选取。

8.2.8 跨径小于200m的实腹式桥梁扭转涡激共振振幅可按式（8.2.8-1）~式（8.2.8-4）估算：

$$\theta_t = \frac{E_\theta E_{t\theta}}{2\pi I_{pr} \zeta_s} \tag{8.2.8-1}$$

$$I_{pr} = \frac{I_m}{\rho B^4} \tag{8.2.8-2}$$

$$E_\theta = 17.16 \beta_{ds} \left(\frac{B}{D}\right)^{-3} \tag{8.2.8-3}$$

$$E_{t\theta} = 1 - 20\beta_t \left(\frac{B}{D}\right)^{1/2} I_u^2 \geqslant 0 \tag{8.2.8-4}$$

式中：θ_t——扭转涡激共振振幅（°）；

I_m——桥梁单位长度质量惯性矩（kg·m²/m），对变截面桥梁，取1/4跨径处的平均值；对斜拉桥，应计入斜拉索质量的一半；对悬索桥，应计入主缆全部质量；

ζ_s——结构阻尼比。

8.2.9 当跨径小于200m时，桥梁在W1风作用水平及以下风速范围内的涡激共振振幅可按式（8.2.9-1）和式（8.2.9-2）检验：

1 竖向涡激共振的振幅应满足式（8.2.9-1）的要求：

$$h_v < \gamma_v \frac{0.04}{f_v} \tag{8.2.9-1}$$

式中：h_v——竖向涡激共振振幅（m）；

f_v——竖向振动频率（Hz）；

γ_v——涡激共振分项系数。当采用风洞试验获取 h_v 时取1.0；采用本规范第 8.2.7 条计算 h_v 或采用虚拟风洞试验获取 h_v 时取为0.8。

2 扭转涡激共振振幅应满足下列检验要求：

$$\theta_t < \gamma_v \frac{4.56}{B f_t} \tag{8.2.9-2}$$

式中：θ_t——扭转涡激共振振幅（°）；

f_t——扭转振动频率（Hz）；

B——主梁的特征宽度（m）；

γ_v——涡激共振分项系数。采用风洞试验获取 θ_t 时取1.0；采用本规范第8.2.8 条计算 θ_t 或采用虚拟风洞试验获取 θ_t 时取为0.8。

条文说明

本规范位移允许幅值是以200m以下的桥梁按照加速度允许值1m/s²确定的。假设结构发生涡激共振时振动位移随时间按正弦变化，则振动加速度 $a = 4\pi^2 f^2 A$，并取允许值为1m/s²，且近似 $4\pi^2 \approx 40$，可以得到振幅允许值为 $A = 1/(40f^2)$。考虑到200m以下的桥梁竖向基频近似公式为 $f = 100/L$。保留一个 f，并取 $L = 160$，则允许幅值为 $A = 0.04/f$。因此式（8.2.9-1）仅适用于200m以下跨径。

如按加速度幅值作为涡激振动评价依据，则 $A = 1/(40f^2) = 0.025/f^2$。考虑到一些大跨径桥梁的竖弯频率相对较低，假设竖弯频率为0.1Hz，则允许振幅可达 $A = 2.5$m，其允许值相对偏大。可见按照加速度幅值单一指标作为涡激共振评价依据存在不足。

湖南大学陈政清教授提出，涡激共振振幅的允许值需综合考虑行人及驾驶员行车舒适性、结构疲劳以及桥上行车视距等因素的影响。为了避免桥梁竖向涡振对驾驶员的行车视线造成影响，对于具有3个或者3个以上半波的高阶模态涡激共振，允许振幅至少应限制在0.35m以下，此时行车视距可能成为确定涡振限值的控制因素。

8.2.10 当结构或构件的涡激共振不满足检验要求时，可通过改变基本气动外形、附加气动措施或阻尼措施予以改善。

8.3 抖振

8.3.1 桥梁的抖振位移和加速度响应,可通过抖振时域分析方法、频域分析方法、风洞试验或虚拟风洞试验方法获得。

8.3.2 桥梁的抖振响应试验应采用全桥气动弹性模型,在模拟紊流场、结构动力特性、结构和构件外形以及结构阻尼比的条件下进行。

8.3.3 当判定结构在 W1 风作用水平下产生的抖振效应较大时,宜开展风-车-桥耦合振动效应的研究。

8.4 斜拉索与吊杆(索)

8.4.1 斜拉索和吊杆(索)应检验参数振动、线性内部共振、涡激共振、风雨激振等风致振动发生的可能性,必要时应采取相应的控制措施。

8.4.2 斜拉索和吊杆的涡激共振振幅可按式(8.4.2)近似计算:

$$y_{\max} = \frac{0.008\sigma_{C_\mathrm{L}}}{S_\mathrm{t}^2 S_\mathrm{c}} D_\mathrm{c} \tag{8.4.2}$$

式中:$y_{\max}$——涡激共振振幅(m);

S_t——Strouhal 数,$S_\mathrm{t} = fD_\mathrm{c}/U$,对于圆柱形构件一般取 0.2;

D_c——斜拉索或吊杆直径(m);

σ_{C_L}——升力系数标准差,对于圆柱形构件一般取 0.45;

S_c——Scruton 数,$S_\mathrm{c} = m\zeta_\mathrm{s}/(\rho D_\mathrm{c}^2)$;

ζ_s——斜拉索或吊杆阻尼比;

ρ——空气密度(kg/m³),一般取为 1.25 kg/m³。

8.4.3 当斜拉索索端激励与拉索固有频率接近或一致时,应进行斜拉索线性内部共振响应检验。

条文说明

假设斜拉索索端垂直于弦长方向的相对运动:$y_\mathrm{B}(t) = y_\mathrm{B}\sin\omega t$。在外界激励下斜拉索索力的变化使其产生横向振动,如图 8-1 所示。

根据强迫振动原理,当激励频率与斜拉索面内振动频率之比接近于 1 时,其最大振动响应成分主要为相应的面内振动。以一阶面内振动为例,最大振幅为:

$$y_{1\max} = \frac{y_B}{\pi \zeta_s} \tag{8-1}$$

式中：$y_{1\max}$——第一阶面内振动最大振幅（m）；
y_B——索端垂直于拉索弦长方向相对运动的幅值（m）；
ζ_s——斜拉索阻尼比。

该公式是在小振幅线性模型基础之上得到的。当索端激励振幅较大时，斜拉索垂度效应的作用较为明显，用上述公式计算的结果偏大很多，失去真实性，此时可以通过数值分析方法获得斜拉索线性内部共振响应最大振幅。

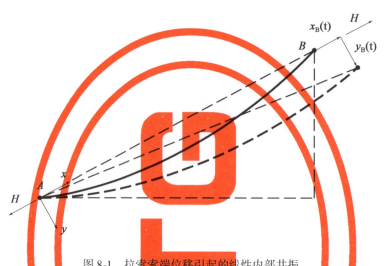

图 8-1 拉索索端位移引起的线性内部共振

8.4.4 当斜拉索索端激励为拉索固有频率的 2 倍时，应进行斜拉索参数共振响应检验。

条文说明

当桥梁以其总体弯曲基频 f_b 作简谐振动时，斜拉索将以 $f_c = f_b/2$ 的横向振动频率与之相适应，此时将可能发生斜拉索的参数共振。当索端发生沿拉索弦长方向的相对运动满足 $x_B(t) = x_B \sin(2\omega t)$，且索力变化、频率以及激励位移满足式（8-2）~式（8-4）时，斜拉索会发生参数共振：

$$\frac{\Delta F_{\max}}{F} > 2\sqrt{(1-\beta_1^2)^2 + (2\zeta_s \beta_1)^2} \tag{8-2}$$

$$\beta_1 = \frac{f_b}{2f_c} \approx 1 \tag{8-3}$$

$$x_B \geqslant 4X_0 \beta_1 \zeta_s \tag{8-4}$$

式中：$\Delta F_{\max}$——索力变化幅值（N）；
F——斜拉索索力（N）；

β_1——频率比；
f_b——外激励频率（Hz）；
f_c——斜拉索固有振动频率（Hz）；
X_0——恒载索力下斜拉索线弹性伸长量（m），可按 $X_0 = Fl/EA$ 计算；
l——斜拉索的计算长度（m）；
E——斜拉索的弹性模量（Pa）；
A——斜拉索的截面积（m²）。

此时斜拉索的第一阶共振稳态响应最大振幅可近似按式（8-5）计算：

$$A_{1\max} = \frac{4}{\pi} \cdot \sqrt{\frac{X_0 l}{3}} \cdot \beta_1 \cdot \sqrt{1 - \frac{1}{\beta_1^2} \pm \sqrt{\frac{1}{\beta_1^4}\left(\frac{x_B}{2X_0}\right)^2 - \frac{4\zeta_s^2}{\beta_1^2}}} \qquad (8-5)$$

式中：$A_{1\max}$——斜拉索的第一阶共振稳态响应最大振幅（m）；
x_B——激励振幅（m），激励方向如图 8-1 所示。

图 8-2 为某斜拉桥 400m 长的斜拉索第一阶共振稳态响应最大振幅 $A_{1\max}$ 与阻尼比 ζ_s 和激励振幅 x_B 的关系图。由于斜拉桥拉索索端激励一般同时具有 x_B 与 y_B 两个分量，上式的适用性受到限制，欲获得较为准确的斜拉索参数共振稳态响应最大振幅，可以采用数值分析的方法。

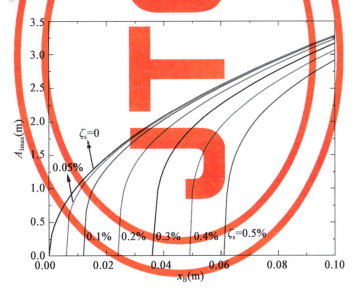

图 8-2 斜拉索第一阶共振稳态响应最大振幅与阻尼比和激励振幅关系图

8.4.5 斜拉索应检验发生风雨激振的可能性，必要时可采取气动措施或增设阻尼措施予以改善。

条文说明

斜拉索气动减振措施主要通过改变斜拉索的断面形状、防止雨线的形成，使其空气动力学性能得到改善。为改进斜拉索在风或者风雨共同作用下的动力行为，对斜拉索表面进行的主要处理方式有：（1）在斜拉索 PE 管表面沿轴向开设凹槽或凸起肋条；（2）斜拉索表面凹坑处理；（3）在斜拉索表面沿轴向螺旋状加设带状结构或间隔缠绕带状物。

8.4.6 在缺乏试验条件时，斜拉索不发生风雨激振的条件可按式（8.4.6-1）~式（8.4.6-2）进行判断：

光圆表面斜拉索 $\quad\quad\quad\quad S_c > 10 \quad\quad\quad\quad$ (8.4.6-1)

使用有效表面处理的斜拉索 $\quad\quad S_c > 5 \quad\quad\quad\quad$ (8.4.6-2)

式中：S_c——Scruton 数，$S_c = m\zeta_s / (\rho D_c^2)$；

m——斜拉索单位长度质量（kg/m）；

ζ_s——斜拉索阻尼比；

ρ——空气密度（kg/m³），一般取为 1.25 kg/m³；

D_c——斜拉索外径（m）。

8.4.7 斜拉索与吊杆（索）风致振动最大振幅宜小于其长度的 1/1 700。

8.4.8 不宜采用实腹式 H 形吊杆。当采用实腹式 H 形吊杆时可通过式（8.4.8-1）~式（8.4.8-3）获取涡激共振起振风速；必要时应利用风洞试验或虚拟风洞试验进行涡激共振检验；当不能满足涡激共振检验要求时，应采取相应振动控制措施。

$$U_{vh}/(f_1 B_h) = 1.5 \quad\quad\quad (8.4.8\text{-}1)$$

$$U_{vh}/(f_2 B_h) = 5.5 \quad\quad\quad (8.4.8\text{-}2)$$

$$U_{vt}/(f_t B_h) = 2.5 \quad\quad\quad (8.4.8\text{-}3)$$

式中：U_{vh}——弯曲涡激共振起振风速（m/s）；

U_{vt}——扭转涡激共振起振风速（m/s）；

f_1——弱轴方向弯曲基频（Hz）；

f_2——强轴方向弯曲基频（Hz）；

f_t——扭转基频（Hz）；

B_h——H 形吊杆的截面宽度（m），其取值可按本规范图 6.5.2 确定。

条文说明

研究表明，实腹式 H 形吊杆易在较低的风速下发生大幅涡激共振。表 8-1 给出了几种不同宽高比条件下实腹式 H 形吊杆涡激共振试验结果。当宽高比为 1 时，弱轴方向上的涡激共振幅值可达到宽度 B_h 的 0.347 倍。当宽高比为 1.6 时，起振风速仅为 1.5 倍的 $f_1 B_h$。强轴方向由于刚度较大，其涡激共振起振风速均大于弱轴方向。扭转方向上也会产生明显的涡激共振，其振幅最大可以达到 5.26°。

表 8-1 实腹式 H 形吊杆涡激共振试验结果

宽高比 B_h/H_h	涡激共振起振风速			涡激共振最大振幅		
	弱轴 $U_{vh}/(f_1 B_h)$	强轴 $U_{vh}/(f_2 B_h)$	扭转 $U_{vt}/(f_t B_h)$	弱轴 h_v/B_h	强轴 h_v/B_h	扭转振幅 θ_t (°)
0.75	6.2	12.2	6.0	0.150	0.062	3.40
1	7.9	—	9.2	0.347	—	3.10
1.6	1.5	5.7	2.5	0.016	0.012	0.50
2.4	1.7	—	3.3	0.132	—	5.26

8.5 风振舒适度控制标准

8.5.1 在 W1 风作用水平及以下风速范围内，有行人通行功能的桥梁抖振或涡激共振引起的竖向加速度峰值不宜超过 $1.1 m/s^2$，横向加速度峰值不宜超过 $0.5 m/s^2$。

条文说明

研究表明，过大的竖向振动也会引起行人的不舒适性。图 8-3 给出了行人舒适性的模拟试验结果，将行人舒适度按照"非常好""好""一般""差""无法忍受"五等级划分，可以发现行人舒适度不仅与峰值加速度有关，还与振动频率存在一定的相关性，该试验结果与国内外相似研究成果有较好的一致性。为了便于使用，本条文取用"一般"的舒适性在最小频率对应的加速度峰值平均值作为限制值，即竖向加速度峰值标准为 $1.1 m/s^2$，横向加速度峰值标准为 $0.5 m/s^2$。

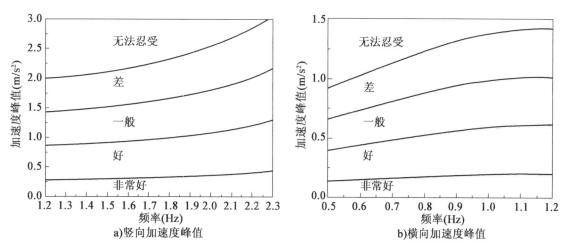

图 8-3 行人舒适性等级实测统计结果

若主梁发生扭转涡激共振，可以根据行人位置与主梁中心轴的相互关系将扭转涡激共振加速度峰值换算至行人位置的竖向加速度峰值，再按照本条文进行检验。

8.5.2 在 W1 风作用水平及以下风速范围内，驾乘人员位置处的动力响应宜满足下列舒适性条件：

1 竖向加速度峰值不宜超过 3.6m/s^2；
2 横向水平加速度峰值不宜超过 2.4m/s^2。

条文说明

桥面上车辆驾乘人员位置处的动力响应可以通过风-车-桥耦合振动分析得到。本条文关于加速度的限值参考了国际标准 ISO 2631《人体承受全身振动的评价指南》。

9 风致振动控制

9.1 一般规定

9.1.1 当结构的抗风性能不满足承载能力极限状态或正常使用极限状态设计要求时，应通过优化构件气动外形、增设气动措施、附加阻尼装置、改变结构体系或刚度等措施予以满足。

条文说明

桥梁主梁的气动性能可以通过调整腹板倾角、风嘴形状以及改变基本断面等措施优化，也可以通过附加导流板、抑流板、中央稳定板等气动措施进行改善或提高。附加阻尼装置则是通过设置阻尼器的方式提高构件或结构体系的阻尼，以达到降低或抑制振动的目的。结构刚度可以通过改变结构体系进行调整，如塔梁连接方式、索面布置、支撑条件、悬索桥设置中央扣等。改变构件尺寸、材料等也可以在一定程度上提高结构刚度和结构阻尼比。

9.1.2 当采用气动措施改善或提高结构或构件抗风性能时，应通过风洞试验或虚拟风洞试验对其有效性进行验证。

9.1.3 风致振动控制措施的选择宜综合考虑桥梁寿命周期内的抗风性能、经济性、耐久性等要求。

9.2 主梁

9.2.1 主梁断面的抗风性能可采用增设气动措施予以改善或提高。

条文说明

主梁常用的气动措施一般包括附加导流板、抑流板、风嘴、分流板、中央稳定板、气动翼板、断面开槽、气动格栅、风鳍板等，如图9-1所示。国内多座桥梁在抗风设计中通过采用气动措施提高了颤振稳定性，改善了涡激共振性能。润扬长江大桥悬索桥、北盘江大桥（镇胜高速公路）、矮寨大桥、四渡河大桥等采用中央稳定板提高了结构的颤振性能。采用抑流板、导流板、气动格栅等措施,可有效抑制桥梁的涡激共振。

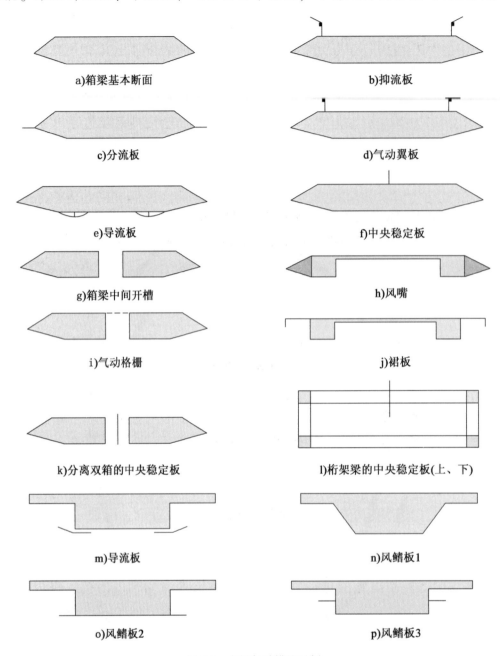

图 9-1 主梁气动措施示例

9.2.2 钢主梁的检修车轨道、桥面风障、栏杆等附属设施的形状及位置的确定,应满足桥梁抗风性能要求。

条文说明

在桥梁抗风设计中,检修车轨道与风障等附属构件的形状与位置对主梁气动性能有较大的影响。苏通长江大桥通过合理地设置检修车轨道位置并增设导流板,避免了涡激共振的发生。近年来研究表明风障除了可以提高行车安全和舒适性外,也具有提高桥梁的颤振临界风速和抑制涡激共振的作用。

9.2.3 在满足抗风承载能力极限状态检验性要求的前提下，可采用附加阻尼装置来抑制涡激共振或降低抖振响应。

条文说明

附加阻尼措施包括：①调谐式阻尼器，如调谐质量阻尼器TMD、调谐液体阻尼器TLD、调谐液柱阻尼器TLCD等；②非调谐式阻尼器，如黏性剪切性阻尼器和油阻尼器。在控制方法上可分为被动控制、半主动控制、主动控制与混合控制等方式。针对涡激共振或抖振响应的控制，调谐式阻尼器具有很好的适用性。在控制方式上，考虑到实桥维护的复杂性，被动式控制方式具有较好的优越性。国内外针对涡激共振或抖振响应的控制，采用TMD方式较多。崇启大桥在抗风研究中发现了涡激共振现象，研究给出了预留TMD振动控制的建议；在施工过程出现涡激共振现象后，实施了TMD的安装，对涡激共振达到了有效抑制。图9-2即为常用TMD构造示意图。

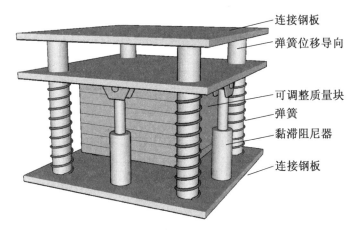

图9-2 常用TMD构造示意图

9.2.4 当采用调谐式阻尼器控制主梁风致振动时，调谐式阻尼器的最优频率比及最优阻尼比可按式（9.2.4-1）和式（9.2.4-3）计算。

$$\frac{f_0}{f_s} = \frac{1}{1+\mu_m} \tag{9.2.4-1}$$

$$\zeta_0 = \sqrt{\frac{3\mu_m}{8(1+\mu_m)}} \tag{9.2.4-2}$$

$$\mu_m = \frac{m_0 \phi_i^2(x_0)}{\int_0^L m(x)\phi_i^2(x)\mathrm{d}x} \tag{9.2.4-3}$$

式中：f_0——阻尼器频率（Hz）；

ζ_0——阻尼器阻尼比；

f_s——桥梁受控振型频率（Hz）；
μ_m——阻尼器振子的质量与结构受控振型的广义质量比；
L——桥梁全长（m）；
m_0——阻尼器振子的质量（kg）；
$m(x)$——桥梁单位长度质量（kg/m）；
$\phi_i(x)$——受控振型值；
x_0——阻尼器安装位置（m）；
$\phi_i(x_0)$——阻尼器安装位置相应的振型值。

9.2.5 布置多重调谐质量阻尼器时，应优化多重调谐质量阻尼器的频率和阻尼范围。

条文说明

在特定的频率下，TMD 对结构振动能够起到较好的控制作用，但对主结构参数变化存在敏感性，为了提高其鲁棒性，可以采用多重调谐质量阻尼器 MTMD。图 9-3 为多重调谐质量阻尼器 MTMD 的工作原理图。

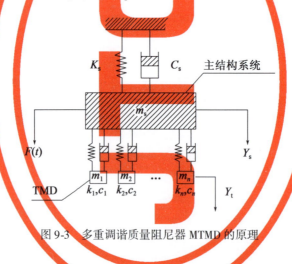

图 9-3 多重调谐质量阻尼器 MTMD 的原理

9.3 桥塔和高墩

9.3.1 桥塔和高墩可通过优化截面外形降低风荷载和风致振动响应，对钢桥塔必要时可增设阻尼装置。

条文说明

对于桥塔或高墩，可以通过优化截面形式达到降低风荷载的目的。以基本断面矩形为例，采用圆形倒角、半圆形断面、方倒角、槽倒角等，都可以降低阻力系数，如图 9-4 所示。对于钢桥塔，也可以通过优化倒角形式或者倒角大小达到降低风致振动的目的。

a) 基本断面　　b) 圆形倒角　　c) 半圆形　　d) 方倒角　　e) 槽倒角

图 9-4　桥塔断面的优化

9.4　斜拉索和吊杆（索）

9.4.1　斜拉索和吊杆（索）无法满足抗风性能要求时，可增设阻尼装置进行控制。

条文说明

斜拉索与吊杆（索）随着长度的增加，构件刚度与阻尼比迅速降低。采用附加阻尼装置的措施可有效提高构件系统阻尼比、降低风致振动振幅。拉索可以采用内置阻尼和外置阻尼两种方式提供系统阻尼比。内置阻尼是在拉索与主梁或索塔锚固端钢套筒之间的环形空间放置阻尼材料；外置阻尼则是通过安装在主梁或主塔上的阻尼装置提供附加阻尼。常用的附加阻尼器措施包括黏滞性阻尼器、橡胶阻尼器、MR 磁流变阻尼器、摩擦型阻尼器、剪切型阻尼器等。图 9-5 为某斜拉桥阻尼器安装示意图。

图 9-5　斜拉桥阻尼器安装示意图

9.4.2　斜拉索附加阻尼器的设计宜综合考虑阻尼器安装位置、阻尼器刚度、阻尼非线性、斜拉索垂度与倾角等因素影响。当采用黏滞性阻尼器时，阻尼系数 c 可按式（9.4.2-1）和式（9.4.2-2）确定：

$$\frac{\zeta_n}{x_c/l} \cong \frac{\pi^2 \kappa}{(\pi^2 \kappa)^2 + 1} \quad (9.4.2\text{-}1)$$

$$\kappa \cong \frac{c}{mL\omega_{01}} n \frac{x_c}{l} \quad (9.4.2\text{-}2)$$

式中：κ——无量纲的阻尼器阻尼参数；

ζ_n——阻尼器提供的第 n 阶振型阻尼比；

ω_{01}——拉索第一阶模态圆频率（rad/s）；
x_c——阻尼器安装位置距较近索端的距离（m），如图9.4.2所示；
n——拉索模态阶数；
c——阻尼器的阻尼系数。

图9.4.2　拉索外置阻尼器原理图

对于线性阻尼器，使拉索达到最大附加模态阻尼比的最优阻尼系数可按式（9.4.2-3）确定：

$$c_{\text{opt}} = 0.10 mL\omega_{01} \Big/ \left(n\frac{x_c}{l} \right) \qquad (9.4.2\text{-}3)$$

条文说明

阻尼器安装位置、阻尼器刚度、阻尼非线性、拉索垂度与倾角等是影响阻尼器效率的主要因素。将式（9.4.2-1）绘制成通用阻尼器设计曲线如图9-6所示。

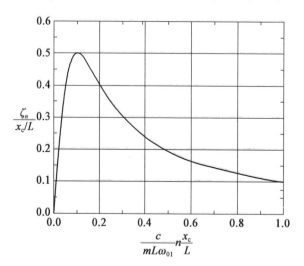

图9-6　通用阻尼器设计曲线

由于该公式没有考虑阻尼器刚度、阻尼非线性、斜拉索垂度与倾角等因素，阻尼器所能获得的实际模态阻尼比往往小于计算值。因此实际选用该公式确定阻尼器参数时，阻尼器所能获得的模态阻尼比按50%折减考虑。

9.4.3　斜拉索可通过附加螺旋线或表面加工等方式避免或降低风雨激振。

条文说明

现有针对风雨激振的研究表明，拉索风雨激振是由于风作用下雨水在拉索表面形成雨膜或雨线，改变了拉索气动外形或在拉索表面产生振荡，从而诱发拉索产生大幅振动。雨膜或雨线是拉索风雨激振的根本原因。为了破坏雨线的形成，国内外通过大量的试验和实际工程证明，对拉索表面进行处理，如在拉索 PE 管表面沿轴向开设凹槽或凸起肋条、在拉索表面打凹孔或凹坑、在拉索表面沿轴向螺旋状加设带状结构或间隔缠绕带状物，都可以有效地抑制拉索风雨激振。但不适宜的风雨激振气动控制措施，有可能会使拉索发生驰振等不利振动。因此，对特殊的气动措施通过风洞试验验证是十分必要的。图 9-7 为附加螺旋线与表面凹坑气动措施示例。

a)附加螺旋线　　　　　　　　　b)表面凹坑

图 9-7　斜拉索表面气动措施示例

9.4.4　附加螺旋线的相关设计参数、表面加工的设计参数应通过风洞试验验证。

条文说明

拉索表面设置螺旋线，相关设计参数如螺旋形的几何外形、螺距等，对拉索的风阻系数有较大的影响。图 9-8 为附加螺旋线布置示意图。

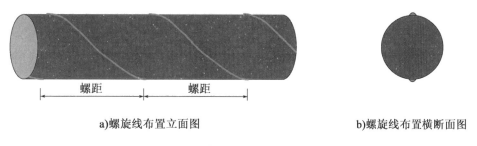

a)螺旋线布置立面图　　　　　　　　　b)螺旋线布置横断面图

图 9-8　附加螺旋线的布置示意图

9.4.5　可通过增设辅助索来进行斜拉索的振动控制。

9.4.6　应避免使用 H 形劲性吊杆。当劲性吊杆不满足抗风性能要求时，可通过增设横向拉索或阻尼装置等措施予以满足。

条文说明

H 形劲性吊杆容易发生颤振、驰振和涡激共振等现象。腹板开孔以及翼板开孔均不能提高颤振临界风速，反而会降低颤振稳定性，但高宽比的增大对颤振稳定性有一定的提高;适度的腹板与翼板开孔可以提高驰振性能,但仅对弱轴有较大改善,而高宽比的增大可以较为显著地提高 H 形吊杆的驰振稳定性;腹板开孔与翼板开孔均不能抑制涡激共振,适度地增大高宽比可以减少涡激共振发生的风偏角区间或降低涡激共振振幅。H 形吊杆之间通过横向联系相连可以提高吊杆刚度,图 9-9 为施加横向联系抗风索的结构措施布置示意图。

图 9-9　H 形劲性吊杆的结构振动控制抗风索措施布置示意图

9.4.7　当判定横向并列的斜拉索或吊索可能发生较大风致振动时,可通过增设横向连接器装置进行控制。

条文说明

横向连接器通过连接拱桥、悬索桥的平行吊杆,使之形成一个整体,避免单根拉索或吊杆发生频率较低的振动。图 9-10 为常见的连接形式。对于吊杆较长的悬索桥,在吊杆下端设置阻尼器也具有一定的减振效果。

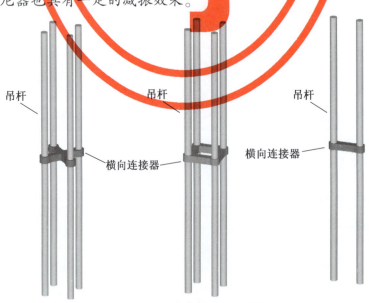

图 9-10　平行吊杆的横向连接器措施

10 风致行车安全

10.1 一般规定

10.1.1 下列情况的桥梁宜进行风致行车安全评估：
1 位于抗风风险区域 R1 的桥梁；
2 桥面风速突变或跨越峡谷的桥梁；
3 对生命线工程有重要影响或风致行车安全事故发生后果影响严重的桥梁。

10.1.2 桥梁风致行车安全评估应确定风对行车安全的影响程度、控制目标和保障措施。

10.2 风致行车安全评估

10.2.1 风对行车安全的影响程度应根据桥梁抗风风险区域类别、桥面风环境特征、桥址其他气象条件、通行车辆类别与设计车速及载荷状况、行车安全事故发生后果严重程度等因素综合考虑。

条文说明

桥梁所在地区的抗风风险区域一定程度上反映了该区域内桥梁行车安全受侧风影响的程度。

桥面高度处不同等级风速的分布是评价风对桥面行车安全影响程度的重要指标之一，一般可借助桥位气象资料并考虑桥面高度、地形和地貌的影响综合分析得到。一般而言，要分析桥面高度处达到或超过 8 级风的年发生天数，以判别风对行车安全评估的必要性。

桥面高度处主梁外侧风流经主梁后，在行车道高度处范围产生新的风速剖面分布，体现了主梁形式和护栏等附属设施对桥面风环境的影响；同时，主梁高度处的桥塔等局部构造物使得线路不同位置的桥面侧风风速产生突变。另外局部特殊地形及构造物也有可能造成桥面风速的突变。上述桥面风环境特征可以通过风洞试验或虚拟风洞试验得到。护栏和风障等桥面附属设施会改变主梁断面的绕流特征，从而改变桥面行车高度范围内的侧风风速，一般通过等效桥面风速来评价桥面行车高度范围环境风速的大小。等效桥面风速是根据作用在车辆上的侧向气动力等效原则确立的桥面一定行车高度范围横风风速的表征值,即桥面横风风速的平方在竖向一定高度范围内积分的开方值,见式(10-1):

$$U_{eq} = \sqrt{\left(\frac{1}{z_r}\right)\int_0^{z_r} \tilde{U}^2(z)\,dz}$$ (10-1)

式中:z_r——汽车所处的高度范围。参照《汽车、挂车及汽车列车外轮廓尺寸、轴荷及质量限值》(GB 1589—2016)的规定,汽车、汽车列车、货车、挂车的高度限值一般为4.0m,定线行驶的城市双层客车高度限制为4.2m;一般中型及以下的载客汽车、中型及以下的载货汽车高度都不超过3m;

$\tilde{U}(z)$——距离桥面 z 高度处的横风风速(m/s)。

采用桥面风速影响系数 λ_s 来表示等效桥面风速与桥面外侧来流风速的比例关系,见式(10-2):

$$\lambda_s = \frac{U_{eq}}{U_\infty}$$ (10-2)

式中:U_∞——桥面高度处来流风速(m/s)。

以杭州湾跨海大桥引桥区混凝土双箱主梁为例,通过虚拟风洞试验提取桥面风环境特征,图10-1给出了行车道中心线位置示意图,图10-2为对应位置的横风速剖面分布图;表10-1给出了不同车道位置不同行车高度范围的桥面风速影响系数。

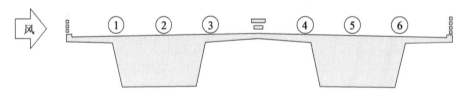

图10-1 行车道中心线位置示意图

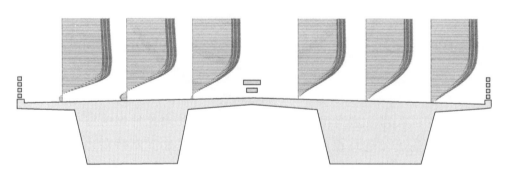

图10-2 桥面不同位置横风速剖面分布

表10-1 不同车道位置不同行车高度范围的桥面风速影响系数

高度范围	车道位置					
	①	②	③	④	⑤	⑥
3m	0.84	0.73	0.70	0.71	0.73	0.76
4m	0.94	0.87	0.85	0.84	0.84	0.86

不同类型及不同载荷状况的车辆侧风稳定性差异较为显著。研究表明：小体量的交叉型乘用车在侧风作用下容易发生行驶偏向而导致车辆侧碰事故；空载的大体量厢式集装箱车在侧风作用下则更容易发生侧翻事故；大多数车辆在雨、雪天气路面湿、滑情况下则更易发生侧风导致的侧滑事故。

风对桥面行车安全的影响不仅要考虑不同车辆类型发生行车安全事故的风险概率，还要考虑事故发生后果损失的严重性。风对行车安全的影响后果不仅局限于交通事故本身，更要考虑到对线路通行能力的影响。如窄桥上的行车事故可能会导致线路交通中断；对跨越水源保护地、渔业养殖区等的桥梁，为严格控制交通事故导致的化学品泄漏，需要将风致行车安全事故风险概率控制在较低水平；对跨越峡谷的桥梁，需要细致地评估侧风对行车安全的影响，严格避免车辆坠桥事故的发生。

10.2.2 桥塔、桥头建筑、拱脚或拱肋以及桥隧连接区、局部地形或地貌等对桥面行车风环境特征的影响宜通过风洞试验或虚拟风洞试验确定。

条文说明

桥塔、桥头建筑、拱脚或拱肋以及桥隧连接区、局部地形或地貌等会对桥面行车风环境产生影响，图10-3给出了桥塔附近横风风速沿顺桥向分布示意图。

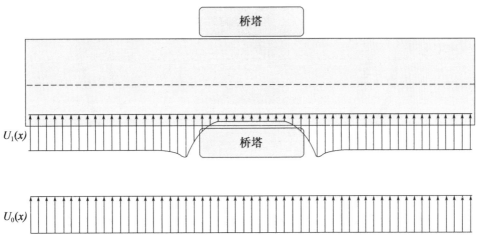

图 10-3 桥塔附近横风风速沿顺桥向分布示意图

10.2.3 桥面风致行车安全控制目标宜结合设计车速、车辆类型、通行能力要求、行车安全和舒适性要求、所能实施的交通管理措施和工程结构措施等综合确定。

条文说明

以杭州湾跨海大桥为例，该桥跨越杭州湾水域，设计车速100km/h，合规车辆均可通行，通行车辆主要包括基本乘用车、交叉型乘用车、中型商用客车、大型商用客车、大型商用厢式货车等。风致行车安全研究表明，原设计方案在地面8级风时，全桥需要关闭。杭州湾跨海大桥作为宁波接轨上海的重要陆路通道，对风天的通行能力提出了较高的要求，其交通控制目标定为：10级风大桥全线仍可通行，11级风关闭。

10.2.4 风致行车安全的控制目标可通过选择合适的护栏形式或设置风障来保障。

条文说明

当仅通过交通管理措施无法实现风致行车安全控制目标时，往往要通过合适形式的护栏或风障等工程措施来解决。以杭州湾跨海大桥为例，为实现10级风时大桥可以通行的控制目标，除考虑10级风限速40km/h的交通控制措施外，大桥采取了全线护栏由1.06m增高到1.5m，并在南、北航道桥及高墩区引桥防撞护栏上设置风障的工程措施。

风障是安装在主梁上降低桥面侧向风速影响，以提高桥面行车安全性和舒适性的一种装置，一般由立柱、障条、锚固与减振构件组成。图10-4给出了三种不同的风障与桥面的连接方式。

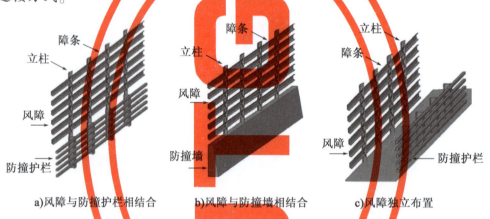

图10-4 风障的组成及与桥面的连接方式

近年来国内外多座桥梁经过研究实施了风障措施。以杭州湾跨海大桥北航道桥为例，针对图10-5所示的典型闭口钢箱主梁截面的桥面风环境进行了虚拟风洞试验，其中考虑了几种不同形式的护栏和风障方案，如图10-6所示。提取的桥面不同车道位置和典型高度范围的风速影响系数，见表10-2。对比表中数据可以看出，桥面风速影响系数在护栏增高后有所减小，在布置风障后则显著减小；以最终采用的S5为例，车道①位置3m和4m高度范围的桥面风速影响系数较S1对应工况分别减小60%和61%。通过设置风障、优化护栏设计及采取相应的管理措施，使主桥与连接线保持了一致的风致行车安全水平。

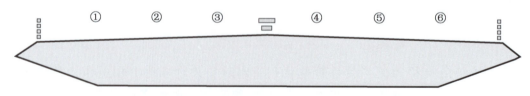

图10-5 杭州湾跨海大桥北航道桥桥面风速剖面提取示意图

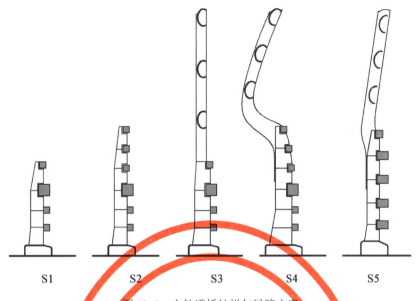

图 10-6　主航道桥护栏与风障方案

表 10-2　桥面不同车道位置和典型高度范围的桥面风速影响系数 λ_s

车道位置	高度范围									
	S1		S2		S3		S4		S5	
	3m	4m	3m	4m	3m	4m	3m	4m	3m	4m
①	0.95	0.98	0.90	0.92	0.70	0.74	0.68	0.66	0.60	0.61
②	0.88	0.93	0.84	0.88	0.63	0.67	0.63	0.60	0.55	0.54
③	0.85	0.90	0.83	0.87	0.60	0.64	0.59	0.57	0.53	0.51
④	0.81	0.88	0.79	0.85	0.57	0.62	0.53	0.52	0.48	0.47
⑤	0.79	0.87	0.77	0.83	0.54	0.59	0.50	0.49	0.46	0.46
⑥	0.79	0.87	0.74	0.80	0.51	0.57	0.46	0.47	0.44	0.44

10.3　风障设计

10.3.1　风障立柱设计使用年限不应低于 50 年，障条的设计使用年限不应低于 20 年。

10.3.2　风障的结构设计风荷载应按 W2 风作用水平选取。

10.3.3　风障的形式及材料的选择宜根据车辆撞击条件、抗火、耐久性及景观需求综合确定。

10.3.4　风障形式及风障挡风率宜通过风洞试验或虚拟风洞试验方法确定，其取值范围宜为 0.35～0.70。

10.3.5 风障与桥梁之间的连接可采用与防撞护栏或防撞墙相结合，也可单独与主梁相连接并置于防撞护栏或防撞墙的外侧。

10.3.6 风障顶端与桥面的距离不宜超过4m，在风速突变区域不宜超过5m。风障高度变化区域宜设置高度渐变段。

条文说明

在风障两端设置高度渐变段是为了减小风速突变，起到降低侧风对车辆行驶影响的作用。

10.3.7 仅在桥塔、桥头建筑、拱脚或拱肋、桥隧连接处或其他存在风速突变的区段设置风障时，其布置范围和布置形式宜根据风洞试验或虚拟风洞试验方法确定，也可根据图10.3.7布置，其单侧布置范围不宜小于桥面高度处桥塔、桥头建筑、拱脚或拱肋顺桥向尺寸的5倍，且单侧重叠区域不宜小于桥面高度处桥塔、桥头建筑、拱脚或拱肋顺桥向尺寸的0.25倍。

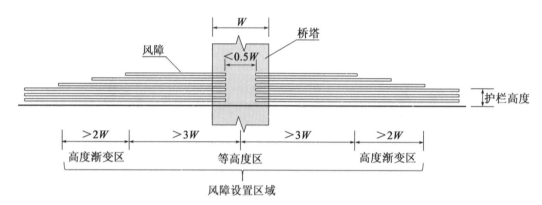

图10.3.7 桥塔区风障布置示意图（W为桥塔在桥面高度处的顺桥向宽度）

条文说明

泰州长江大桥仅在桥塔区域设置了风障，图10-7为泰州长江大桥桥塔区风障实施示例。

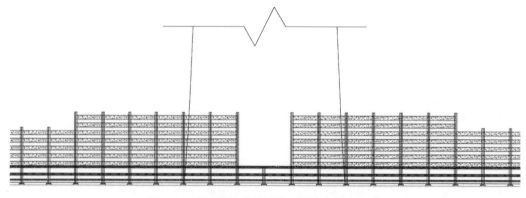

图10-7 泰州长江大桥桥塔区风障实施布置图

11 风洞试验及虚拟风洞试验

11.0.1 桥梁结构或构件的抗风性能及相关参数可通过风洞试验和虚拟风洞试验进行检验和获取。

11.0.2 颤振、驰振、静风稳定性试验宜在均匀流场中进行；涡激共振试验宜在均匀流场或紊流场中进行；抖振试验宜在模拟大气边界层的风洞或虚拟风洞中进行，且模拟的大气边界层应反映桥址处的平均风速剖面、紊流强度剖面及脉动风功率谱。

11.0.3 桥梁结构或构件的风洞试验模型应按相似原则，模拟桥梁结构构件的外形、质量分布、约束条件、主要模态、频率和阻尼比。

11.0.4 桥梁结构或构件的抗风性能风洞试验考虑的紊流特性、风攻角与风偏角应同桥址处的风环境相符合。

11.0.5 拉索与吊杆的试验节段模型比例宜为 1:1，模型阻尼比宜小于 0.15%。拉索风雨激振试验中雨量、风偏角、拉索倾斜角等因素的模拟宜与实际情况相符。

11.0.6 地形风环境试验模型覆盖半径不宜小于 2km，来流可选择同比例 B 类地表类别的紊流场，试验模型比例宜大于 1:1 000。

条文说明

地形风环境试验设计中，模拟的范围越大越能反映周边地貌对桥址风场的影响，但模拟精度会受到影响。斜拉桥或悬索桥可选择桥塔作为参考构件，以 10 倍高度作为地形模型设计的覆盖半径；拱桥、连续梁桥可选择拱肋矢高或最大墩高作为参考构件。图 11-1 为地形风环境风洞试验模型布置示意图，其中粗糙块与尖劈为紊流风场模拟装置，用来模拟与地形模型同比例的 B 类地表。

11.0.7 风洞试验与虚拟风洞试验的要求可分别参见本规范附录 C 与附录 D。

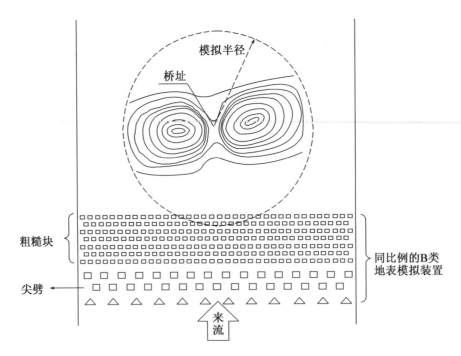

图 11-1 地形风环境风洞试验模型布置示意图

附录 A 全国桥梁抗风风险区划图及风速参数分布图表

A.1 全国桥梁抗风风险区划图

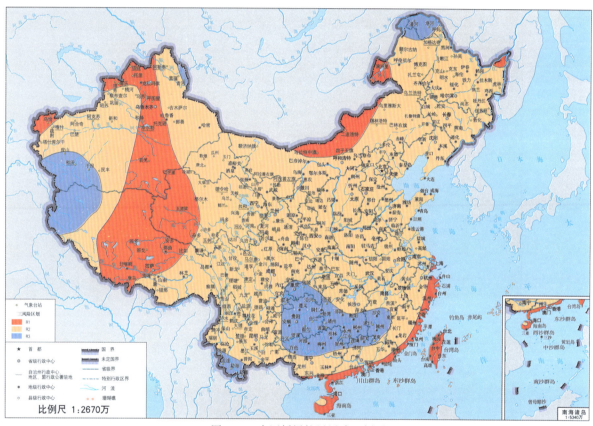

图 A.1 全国桥梁抗风风险区划图

A.2 全国基本风速分布值及分布图

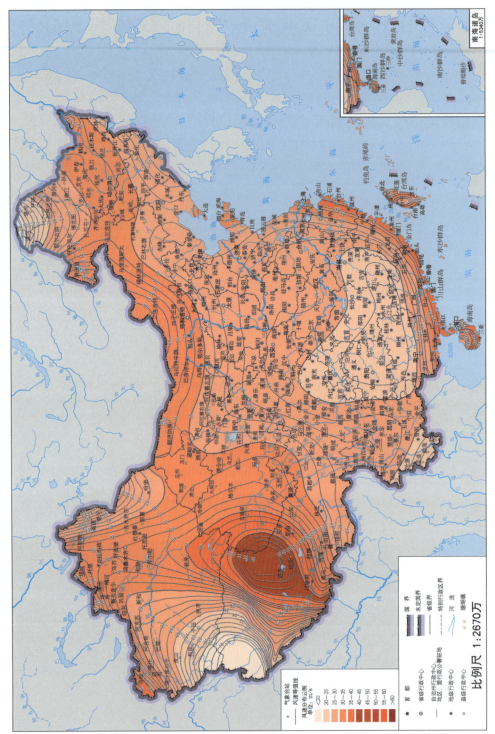

图A.2 全国基本风速分布值及分布图

A.3 全国主要地区不同重现期的风速值

表 A.3 全国主要地区不同重现期的风速值（单位：m/s）

省份	台站名称	重现期（年）							
		10	20	30	40	50	100	120	150
北京	密云	24.0	25.1	25.8	26.4	26.8	28.4	28.9	29.4
	北京	26.0	27.4	28.2	28.8	29.2	30.6	31.0	31.4
天津	武清	28.3	30.3	31.5	32.4	33.2	35.6	36.4	37.2
	天津	30.8	32.6	33.7	34.5	35.1	37.1	37.7	38.4
	塘沽	27.7	28.7	29.2	29.5	29.8	30.6	30.8	31.0
上海	宝山	28.8	30.1	30.8	31.3	31.7	32.8	33.1	33.4
重庆	巫溪	19.3	20.8	21.8	22.6	23.3	25.5	26.2	27.1
	奉节	27.7	29.7	31.0	32.0	32.8	35.5	36.2	37.2
	梁平	20.2	21.5	22.3	22.8	23.3	24.8	25.2	25.7
	万州	22.2	23.3	23.8	24.1	24.4	25.0	25.1	25.2
	荣昌	23.2	23.7	24.0	24.1	24.3	24.6	24.7	24.8
	沙坪坝	25.7	27.1	28.0	28.7	29.2	30.9	31.4	31.9
	巴南	22.5	23.3	23.7	23.9	24.0	24.4	24.5	24.5
	涪陵	22.2	23.4	24.1	24.6	25.1	26.5	26.9	27.4
	綦江	23.1	23.8	24.1	24.2	24.3	24.6	24.6	24.7
	酉阳	18.6	20.1	21.1	21.8	22.4	24.5	25.1	25.8
河北	张北	33.2	34.2	34.8	35.2	35.6	36.6	36.9	37.3
	蔚县	24.1	25.3	26.1	26.6	27.1	28.8	29.3	29.9
	石家庄	23.6	24.9	25.7	26.2	26.6	27.9	28.2	28.6
	邢台	25.6	26.2	26.5	26.7	26.9	27.3	27.4	27.5
	丰宁	26.3	27.1	27.5	27.9	28.1	28.8	29.0	29.3
	围场	25.6	26.5	27.0	27.4	27.7	28.6	28.8	29.1
	张家口	26.9	27.7	28.2	28.5	28.7	29.5	29.8	30.0
	涿鹿	26.3	27.1	27.5	27.8	28.1	28.9	29.1	29.4
	怀来	26.0	26.9	27.4	27.7	28.0	28.8	29.0	29.2
	承德	21.9	23.4	24.4	25.2	25.9	28.3	29.0	29.9
	遵化	26.2	27.1	27.7	28.1	28.4	29.2	29.5	29.7
	青龙	26.8	27.5	27.8	28.0	28.1	28.4	28.5	28.5
	秦皇岛	24.2	25.5	26.3	26.9	27.4	29.0	29.5	30.0
	青龙县青龙镇	26.5	27.2	27.6	27.8	28.0	28.7	28.9	29.1
	廊坊	26.2	27.0	27.4	27.7	28.0	28.7	28.9	29.1
	唐山	28.0	28.2	28.3	28.4	28.4	28.4	28.4	28.4

表 A.3（续）

省份	台站名称	重现期（年）							
		10	20	30	40	50	100	120	150
河北	滦南	24.3	25.6	26.3	26.8	27.2	28.5	28.9	29.3
	乐亭	25.8	26.7	27.2	27.6	27.8	28.6	28.9	29.1
	保定	27.1	28.9	30.0	30.9	31.6	34.0	34.7	35.5
	衡水饶阳	25.1	26.0	26.5	26.8	27.1	27.8	28.0	28.3
	泊头	25.7	26.4	26.8	27.0	27.3	27.9	28.1	28.3
	黄骅	25.8	27.0	27.6	28.1	28.4	29.4	29.6	29.9
	南宫	25.4	26.6	27.3	27.8	28.2	29.3	29.6	30.0
山西	右玉	27.5	28.4	28.9	29.2	29.5	30.3	30.5	30.7
	大同	31.5	32.7	33.5	34.0	34.4	35.6	36.0	36.4
	天镇	28.2	28.8	29.1	29.3	29.4	29.7	29.7	29.8
	河曲	28.6	29.1	29.2	29.3	29.4	29.5	29.5	29.6
	朔州	26.6	27.4	27.8	28.2	28.4	29.3	29.5	29.7
	灵丘	28.0	28.4	28.6	28.6	28.7	28.8	28.8	28.8
	五寨	26.4	27.2	27.6	27.9	28.1	28.7	28.9	29.1
	兴县	24.4	25.7	26.4	26.9	27.3	28.5	28.8	29.1
	原平	24.8	26.0	26.7	27.2	27.6	28.9	29.3	29.7
	晋阳	26.9	27.7	28.1	28.5	28.7	29.5	29.7	30.0
	离石	24.1	25.5	26.3	27.0	27.5	29.1	29.6	30.2
	太原	26.6	28.3	29.4	30.1	30.7	32.6	33.1	33.7
	晋中	24.6	25.5	26.0	26.4	26.7	27.5	27.7	28.0
	榆社	23.0	24.3	25.1	25.7	26.1	27.4	27.7	28.1
	隰县	24.3	25.4	26.2	26.7	27.1	28.5	28.9	29.3
	介休	26.4	27.3	27.6	27.8	27.9	28.2	28.2	28.2
	临汾	23.2	24.2	24.8	25.3	25.6	26.8	27.2	27.6
	安泽	31.0	32.1	32.7	33.2	33.6	34.8	35.2	35.6
	长治	24.2	25.0	25.5	25.9	26.1	26.9	27.1	27.3
	潞城	25.4	26.1	26.4	26.6	26.7	27.0	27.0	27.1
	运城	27.5	28.1	28.4	28.5	28.6	28.9	29.0	29.1
	侯马	23.4	24.4	24.9	25.3	25.6	26.5	26.8	27.0
	垣曲	23.2	24.6	25.6	26.3	27.0	29.3	30.0	30.8
	阳城	25.5	26.1	26.4	26.6	26.8	27.2	27.4	27.5
	潼关	24.6	25.3	25.6	25.8	25.9	26.3	26.4	26.4
内蒙古	额尔古纳	24.6	25.9	26.7	27.3	27.7	29.2	29.6	30.1

表 A.3（续）

省份	台站名称	重现期（年）							
		10	20	30	40	50	100	120	150
内蒙古	牙克石市图里河镇	21.7	23.1	24.0	24.7	25.3	27.3	27.9	28.7
	满洲里	30.8	31.9	32.6	33.0	33.4	34.3	34.6	34.9
	海拉尔	31.7	33.1	33.8	34.3	34.7	35.9	36.2	36.6
	鄂伦春小二沟	24.8	26.0	26.6	27.1	27.5	28.6	28.9	29.2
	新巴尔虎右旗	31.4	32.5	33.1	33.6	34.0	35.2	35.6	36.0
	新巴尔虎左旗阿木古朗	29.1	30.5	31.4	32.1	32.6	34.2	34.7	35.2
	牙克石市博克图	28.0	28.8	29.2	29.4	29.5	29.8	29.9	30.0
	扎兰屯	25.8	27.0	27.7	28.2	28.6	30.0	30.4	30.9
	科右翼前旗阿尔山	30.1	30.7	31.0	31.2	31.3	31.8	31.9	32.0
	科右翼前旗索伦	29.5	30.2	30.5	30.7	30.8	31.1	31.2	31.2
	乌兰浩特	28.4	30.2	31.3	32.1	32.9	35.1	35.8	36.6
	东乌珠穆沁旗	28.8	29.9	30.5	31.0	31.3	32.5	32.8	33.1
	额济纳旗	29.2	29.9	30.3	30.6	30.8	31.4	31.5	31.7
	阿左旗巴彦毛道	32.6	33.3	33.6	33.7	33.8	34.0	34.0	34.1
	阿拉善右旗	27.8	28.6	28.9	29.1	29.2	29.5	29.5	29.6
	二连浩特	32.8	34.0	34.6	35.0	35.3	36.0	36.1	36.3
	那仁宝力格	31.8	32.5	33.0	33.3	33.6	34.4	34.6	34.8
	达茂旗满都拉	31.8	32.7	33.3	33.6	33.9	34.7	34.9	35.2
	阿巴嘎旗	29.6	30.8	31.5	32.1	32.5	34.0	34.4	34.9
	苏尼特左旗	33.6	34.1	34.3	34.4	34.4	34.5	34.5	34.6
	苏尼特右旗朱日和	31.3	32.0	32.4	32.7	32.9	33.5	33.7	33.9
	乌拉特中旗海流图	30.8	31.6	32.1	32.5	32.7	33.5	33.7	33.9
	达尔罕联合旗百灵庙	34.6	34.8	34.9	34.9	35.0	35.0	35.0	35.0
	四子王旗	28.6	30.1	31.1	31.9	32.5	34.6	35.3	36.0
	武川	31.6	32.1	32.3	32.4	32.4	32.5	32.6	32.6
	化德	33.6	34.3	34.7	35.0	35.3	36.0	36.2	36.4
	包头	28.9	29.8	30.2	30.5	30.8	31.5	31.7	31.9
	呼和浩特	31.7	32.6	33.2	33.5	33.8	34.7	35.0	35.3
	集宁	33.9	35.1	35.9	36.4	36.9	38.3	38.8	39.2
	阿拉善左旗吉兰泰	26.7	27.9	28.5	28.9	29.2	30.2	30.4	30.7
	临河	27.0	28.2	29.0	29.6	30.1	31.7	32.1	32.7
	鄂托克旗	29.7	30.9	31.6	32.0	32.4	33.5	33.8	34.1
	东胜	27.6	28.5	28.9	29.2	29.5	30.2	30.4	30.6

表 A.3（续）

省份	台站名称	重现期（年）							
		10	20	30	40	50	100	120	150
内蒙古	鄂尔多斯乌审旗	28.6	29.2	29.4	29.5	29.6	29.8	29.8	29.8
	阿拉善左旗巴彦浩特	27.0	27.8	28.2	28.4	28.6	29.0	29.1	29.2
	西乌珠穆沁旗	28.1	29.0	29.5	29.8	30.0	30.8	31.0	31.2
	扎鲁特旗	27.0	27.9	28.5	28.9	29.2	30.1	30.4	30.7
	巴林左旗	28.2	28.8	29.0	29.1	29.2	29.4	29.4	29.5
	锡林浩特	29.7	31.0	31.8	32.4	32.8	34.4	34.8	35.3
	林西	33.5	36.0	37.4	38.4	39.2	41.7	42.3	43.1
	开鲁	28.0	29.3	30.1	30.7	31.2	32.8	33.3	33.8
	通辽	28.8	30.5	31.5	32.3	32.8	34.7	35.2	35.8
	多伦	29.6	30.7	31.3	31.7	32.0	33.0	33.2	33.5
	翁牛特旗	25.0	26.0	26.6	27.1	27.5	28.7	29.1	29.5
	赤峰	24.7	25.9	26.6	27.1	27.5	28.6	28.9	29.2
	宝国图	26.5	27.3	27.7	28.0	28.3	29.0	29.1	29.4
辽宁	彰武	27.2	28.2	28.7	29.1	29.5	30.4	30.7	31.0
	阜新	25.7	26.9	27.6	28.0	28.3	29.3	29.5	29.8
	开原	29.2	29.8	30.2	30.4	30.6	31.2	31.3	31.5
	马家寨	26.7	28.7	30.1	31.2	32.1	35.7	36.8	38.2
	清原	23.2	24.8	25.8	26.5	27.1	29.2	29.8	30.5
	朝阳	27.6	28.2	28.4	28.6	28.7	28.9	28.9	28.9
	凌源	25.5	26.4	26.9	27.2	27.5	28.5	28.8	29.2
	新民	27.5	28.2	28.6	28.8	29.0	29.4	29.6	29.7
	凌海	27.6	28.4	28.7	28.8	28.9	29.2	29.3	29.3
	黑山	33.0	33.4	33.5	33.5	33.6	33.6	33.6	33.6
	锦州	29.2	30.0	30.5	30.8	31.1	31.8	32.0	32.2
	鞍山	27.7	28.3	28.6	28.8	29.0	29.5	29.6	29.8
	沈阳	32.7	33.7	34.2	34.5	34.8	35.6	35.8	36.0
	辽阳	25.9	27.6	28.6	29.2	29.7	31.3	31.7	32.1
	本溪满族自治县	26.7	27.4	27.8	28.1	28.3	28.8	29.0	29.2
	章党	24.7	25.8	26.5	27.1	27.5	29.0	29.4	29.9
	华来	23.4	24.9	25.7	26.3	26.7	28.2	28.5	29.0
	桓仁	23.4	24.5	25.2	25.8	26.3	27.9	28.3	28.9
	绥中	25.0	26.3	27.0	27.5	27.9	29.2	29.5	29.9
	兴城	25.6	26.8	27.6	28.2	28.7	30.3	30.8	31.3

表 A.3（续）

省份	台站名称	重现期（年）							
		10	20	30	40	50	100	120	150
辽宁	大洼	24.3	25.5	26.4	27.1	27.6	29.6	30.1	30.9
	营口	27.6	28.8	29.6	30.1	30.6	32.0	32.4	32.9
	盖州	27.9	28.6	28.9	29.1	29.3	29.7	29.8	30.0
	盖县熊岳	27.2	28.3	29.0	29.5	29.8	31.0	31.3	31.7
	岫岩	26.3	27.4	28.0	28.4	28.7	29.7	29.9	30.2
	宽甸	22.6	24.1	25.0	25.8	26.4	28.5	29.2	29.9
	丹东	25.2	26.2	26.8	27.3	27.7	28.9	29.2	29.6
	普兰店	28.0	29.2	29.9	30.3	30.7	31.7	31.9	32.3
	长海	30.3	32.3	33.7	34.7	35.5	38.6	39.5	40.6
	庄河	28.0	29.6	30.4	31.0	31.4	32.7	33.1	33.5
	旅顺口	33.9	35.4	36.2	36.7	37.1	38.4	38.7	39.1
	大连	29.5	30.6	31.3	31.7	32.0	33.0	33.3	33.6
吉林	白城	29.8	30.5	30.8	31.0	31.1	31.4	31.5	31.6
	大安	28.8	29.6	30.0	30.3	30.5	31.1	31.3	31.5
	乾安	29.1	29.8	30.1	30.4	30.5	31.0	31.1	31.2
	前郭尔罗斯	28.9	29.9	30.3	30.5	30.7	31.1	31.2	31.3
	通榆	29.6	30.3	30.7	31.0	31.3	32.0	32.2	32.4
	长岭	26.8	27.9	28.5	29.0	29.3	30.5	30.9	31.3
	三岔河	31.5	32.7	33.4	33.8	34.2	35.2	35.5	35.8
	农安	29.4	30.6	31.3	31.9	32.3	33.7	34.0	34.5
	双辽	26.8	28.0	28.6	29.1	29.4	30.6	30.9	31.2
	昌图	25.9	27.1	27.8	28.2	28.6	29.7	30.0	30.4
	长春	31.1	32.2	32.8	33.2	33.6	34.6	34.8	35.1
	伊通	27.6	28.2	28.6	28.8	29.1	29.7	29.9	30.1
	永吉	26.6	27.4	27.9	28.3	28.6	29.5	29.7	30.0
	蛟河	27.8	28.6	28.9	29.1	29.2	29.4	29.5	29.5
	敦化	26.2	27.2	27.9	28.3	28.7	29.9	30.3	30.7
	延吉	23.7	24.9	25.6	26.2	26.6	28.0	28.4	28.9
	西丰	27.0	28.4	29.1	29.7	30.1	31.3	31.7	32.1
	辉南	24.1	25.5	26.2	26.8	27.2	28.5	28.8	29.2
	梅河口	25.8	26.6	27.1	27.4	27.7	28.6	28.9	29.2
	桦甸	26.8	27.3	27.6	27.8	27.9	28.2	28.3	28.4
	靖宇	23.8	24.8	25.5	26.0	26.4	27.7	28.1	28.6

表 A.3（续）

省份	台站名称	重现期（年）							
		10	20	30	40	50	100	120	150
吉林	抚松	22.1	23.7	24.8	25.6	26.3	28.7	29.4	30.3
	安图	27.5	28.8	29.7	30.3	30.8	32.5	32.9	33.5
	和龙	24.1	24.9	25.4	25.8	26.0	26.8	27.0	27.3
	龙井	24.1	25.0	25.5	25.8	26.1	27.0	27.3	27.6
	通化	26.0	26.6	26.9	27.1	27.3	27.7	27.8	27.9
	临江	24.1	24.9	25.4	25.8	26.0	26.9	27.1	27.3
	集安	24.2	25.0	25.4	25.8	26.1	26.9	27.2	27.5
	长白	26.8	27.4	27.8	28.0	28.2	28.6	28.7	28.9
黑龙江	漠河	19.1	19.9	20.3	20.5	20.7	21.2	21.3	21.5
	塔河	21.1	21.7	22.0	22.2	22.4	22.9	23.0	23.2
	呼中	22.3	22.5	22.6	22.6	22.7	22.7	22.7	22.7
	新林	22.7	24.0	24.8	25.5	26.0	27.7	28.2	28.8
	呼玛	22.6	23.8	24.5	25.1	25.6	27.3	27.8	28.4
	大兴安岭	22.5	23.6	24.3	24.9	25.3	26.8	27.3	27.8
	黑河	26.7	28.3	29.4	30.2	30.9	33.2	33.9	34.7
	嫩江	29.8	30.7	31.2	31.5	31.7	32.2	32.4	32.5
	孙吴	27.0	27.8	28.3	28.6	28.9	29.8	30.1	30.4
	北安	25.5	26.8	27.7	28.3	28.8	30.6	31.2	31.8
	克山	26.5	27.6	28.3	28.8	29.2	30.5	30.8	31.3
	红星	28.4	29.3	29.8	30.1	30.3	31.0	31.2	31.3
	龙江	27.5	28.6	29.2	29.6	29.8	30.6	30.8	31.0
	富裕	30.0	30.3	30.4	30.5	30.5	30.6	30.6	30.6
	齐齐哈尔	26.7	28.4	29.4	30.1	30.7	32.5	33.0	33.6
	海伦	27.9	29.2	30.0	30.6	31.1	32.7	33.2	33.7
	明水	28.9	29.6	30.0	30.3	30.5	31.2	31.3	31.5
	伊春	27.2	28.6	29.3	29.8	30.2	31.4	31.7	32.1
	大榆树	28.6	29.9	30.6	31.0	31.3	32.0	32.2	32.4
	富锦	27.8	30.0	31.6	32.8	33.8	37.4	38.5	39.9
	泰来	29.6	30.3	30.6	30.7	30.8	31.1	31.1	31.2
	绥化	31.6	32.5	32.9	33.1	33.3	33.8	33.9	34.0
	安达	29.0	29.8	30.3	30.5	30.8	31.4	31.6	31.7
	铁力	29.6	30.3	30.7	30.9	31.1	31.7	31.8	32.0
	佳木斯	29.6	30.2	30.5	30.7	30.9	31.3	31.4	31.5

表 A.3（续）

省份	台 站 名 称	重现期（年）							
		10	20	30	40	50	100	120	150
黑龙江	依兰	29.1	30.0	30.5	30.8	31.0	31.6	31.8	32.0
	宝清	26.9	28.1	28.8	29.2	29.6	30.7	31.0	31.3
	肇源	36.2	37.3	37.9	38.4	38.7	39.7	39.9	40.2
	哈尔滨	30.8	32.2	33.2	34.0	34.6	36.8	37.5	38.3
	双城	29.0	31.3	32.7	33.7	34.6	37.4	38.2	39.2
	通河	29.5	30.8	31.5	32.0	32.4	33.5	33.8	34.1
	尚志	29.6	30.2	30.4	30.6	30.8	31.1	31.2	31.3
	林口	27.0	28.1	28.7	29.2	29.5	30.7	31.0	31.3
	鸡西	28.0	28.9	29.3	29.6	29.8	30.3	30.5	30.6
	虎林	27.5	28.1	28.5	28.7	28.8	29.2	29.4	29.5
	牡丹江	28.0	28.6	29.0	29.2	29.4	29.9	30.0	30.1
	绥芬河	26.4	27.4	27.9	28.3	28.6	29.5	29.7	30.0
山东	陵县	25.4	26.2	26.6	26.8	27.1	27.6	27.8	28.0
	惠民	25.2	26.0	26.5	26.9	27.2	28.0	28.2	28.5
	泰安	26.4	27.8	28.6	29.2	29.7	31.2	31.7	32.2
	垦利	27.1	28.5	29.3	30.0	30.5	32.3	32.9	33.5
	龙口	32.2	33.7	34.5	35.1	35.6	37.1	37.5	37.9
	招远	27.2	28.2	28.9	29.3	29.7	30.9	31.3	31.7
	栖霞	31.2	31.5	31.6	31.6	31.7	31.7	31.7	31.7
	威海	31.9	33.2	34.0	34.5	34.9	36.2	36.6	37.0
	荣城	36.4	38.0	39.0	39.7	40.3	42.0	42.5	43.1
	济南	26.5	27.4	27.8	28.1	28.3	28.9	29.0	29.2
	泰山	41.5	42.6	43.2	43.6	43.8	44.6	44.8	45.0
	沂源	24.8	25.9	26.5	26.8	27.1	27.8	28.0	28.2
	昌邑	25.3	26.7	27.5	28.1	28.6	30.3	30.8	31.4
	潍坊	26.5	27.5	27.9	28.2	28.4	28.9	29.0	29.1
	青岛	30.8	32.4	33.4	34.1	34.7	36.6	37.1	37.8
	海阳	28.3	29.6	30.4	30.9	31.3	32.7	33.1	33.5
	定陶	25.5	26.0	26.2	26.3	26.4	26.6	26.7	26.7
	兖州	25.0	25.9	26.5	26.9	27.2	28.2	28.5	28.8
	费县	24.3	25.3	25.8	26.1	26.4	27.3	27.5	27.8
	莒县	23.3	24.4	25.1	25.6	26.0	27.5	27.9	28.4
	日照	25.4	26.3	26.8	27.2	27.4	28.1	28.2	28.4

表 A.3（续）

省份	台站名称	重现期（年）							
		10	20	30	40	50	100	120	150
江苏	邳州	22.8	24.0	24.6	25.1	25.5	26.6	26.9	27.3
	徐州	24.3	25.0	25.3	25.6	25.8	26.3	26.4	26.6
	新沂	22.7	23.9	24.7	25.2	25.7	27.3	27.8	28.4
	宿迁	23.9	24.9	25.4	25.7	26.0	26.7	26.9	27.2
	赣榆	23.9	25.2	26.1	26.7	27.2	28.8	29.3	29.9
	连云港	24.0	25.1	25.7	26.1	26.4	27.2	27.4	27.7
	泗洪	23.5	24.4	24.9	25.2	25.5	26.3	26.6	26.8
	流均	23.4	24.6	25.3	25.8	26.2	27.3	27.6	27.9
	射阳	25.5	26.4	26.9	27.2	27.4	28.1	28.3	28.5
	盐城	24.8	25.9	26.5	27.0	27.3	28.3	28.6	28.9
	南京	25.8	27.0	27.6	28.0	28.2	28.9	29.1	29.3
	高邮	26.4	26.7	26.8	26.8	26.8	26.9	26.9	26.9
	东台	24.8	26.0	26.7	27.1	27.4	28.4	28.6	28.9
	镇江	25.4	25.9	26.2	26.3	26.5	26.9	27.0	27.1
	泰州	24.5	25.8	26.5	27.0	27.4	28.6	28.9	29.3
	南通	26.2	27.6	28.5	29.1	29.5	31.1	31.5	32.0
	吕泗	28.9	29.9	30.5	30.9	31.2	32.1	32.3	32.6
	常州	25.7	26.8	27.3	27.7	27.9	28.6	28.7	28.9
	溧阳	23.0	24.4	25.2	25.8	26.3	27.9	28.4	28.9
	无锡	23.6	24.9	25.8	26.4	26.9	28.6	29.1	29.7
	昆山	28.6	29.4	29.9	30.3	30.6	31.5	31.8	32.0
	吴县东山	26.9	27.9	28.3	28.6	28.8	29.2	29.3	29.4
浙江	临安	23.5	24.7	25.5	26.0	26.4	27.7	28.0	28.4
	德清县	24.5	25.6	26.3	26.9	27.3	28.8	29.2	29.7
	杭州	24.2	25.6	26.4	27.1	27.6	29.4	29.9	30.5
	平湖	28.3	29.7	30.5	31.1	31.6	33.2	33.6	34.2
	慈溪	29.0	30.4	31.4	32.1	32.6	34.5	35.0	35.6
	嵊泗	51.1	54.4	56.1	57.2	58.0	60.3	60.8	61.4
	定海	37.5	39.5	40.6	41.3	41.9	43.6	44.1	44.6
	淳安	23.9	24.9	25.5	25.9	26.2	27.3	27.5	27.9
	金华	25.3	26.3	26.9	27.2	27.5	28.4	28.7	28.9
	绍兴	25.7	27.5	28.7	29.6	30.2	32.5	33.1	33.9
	嵊县	27.9	29.3	30.1	30.6	31.0	32.3	32.6	33.0

表 A.3（续）

省份	台站名称	重现期（年）							
		10	20	30	40	50	100	120	150
浙江	义乌	28.6	29.5	29.8	30.0	30.2	30.5	30.5	30.6
	鄞县	33.9	35.3	36.0	36.5	36.8	37.8	38.1	38.4
	石浦	50.7	53.8	55.2	56.0	56.6	58.1	58.4	58.8
	衢州	25.7	26.4	26.7	26.9	27.0	27.3	27.3	27.4
	丽水	24.2	25.8	26.8	27.5	28.1	29.9	30.4	31.0
	永嘉	29.5	30.8	31.6	32.2	32.7	34.1	34.5	35.0
	温岭	37.4	39.4	40.4	41.0	41.5	42.6	42.8	43.1
	大陈岛	54.7	58.7	60.7	62.0	63.0	65.7	66.3	67.0
	玉环	45.3	48.6	50.3	51.6	52.5	55.4	56.1	57.0
	龙泉	26.3	27.2	27.7	28.1	28.4	29.3	29.5	29.8
	苍南	29.6	32.4	34.2	35.4	36.5	39.7	40.6	41.7
	洞头县大檑山	39.8	43.7	46.2	48.2	49.8	55.5	57.1	59.2
安徽	砀山	21.7	23.2	24.0	24.6	25.0	26.3	26.6	27.0
	亳州	21.6	23.1	24.0	24.7	25.2	27.0	27.5	28.0
	涡阳	21.2	22.4	23.2	23.9	24.4	26.1	26.7	27.3
	利辛	21.6	22.9	23.6	24.2	24.6	26.1	26.5	27.0
	宿州	21.7	22.8	23.6	24.1	24.6	26.1	26.6	27.1
	灵璧	23.0	24.0	24.6	25.0	25.3	26.2	26.5	26.8
	阜阳	24.5	26.2	27.5	28.5	29.3	32.4	33.3	34.5
	寿县	23.9	25.0	25.7	26.1	26.5	27.5	27.8	28.1
	蚌埠	23.0	24.0	24.5	24.9	25.2	26.0	26.3	26.5
	长丰	24.0	24.9	25.4	25.8	26.1	26.9	27.1	27.4
	滁州	21.5	23.0	24.0	24.8	25.5	27.7	28.4	29.3
	六安	23.0	24.2	24.7	25.1	25.3	26.0	26.2	26.3
	霍山	24.6	25.1	25.4	25.6	25.7	26.0	26.0	26.1
	桐城	32.0	33.7	34.8	35.6	36.2	38.3	39.0	39.7
	合肥	25.5	26.3	26.7	27.0	27.3	27.9	28.1	28.3
	巢湖	25.2	25.6	25.7	25.8	25.9	26.0	26.0	26.0
	芜湖	23.5	24.8	25.6	26.2	26.7	28.3	28.8	29.4
	繁昌	23.9	24.9	25.4	25.8	26.0	26.8	27.0	27.3
	太湖	26.1	27.0	27.3	27.5	27.7	28.0	28.0	28.1
	东至	22.7	23.6	24.1	24.5	24.8	25.8	26.0	26.3
	安庆	22.5	23.4	24.0	24.4	24.7	25.8	26.1	26.5

表 A.3（续）

省份	台站名称	重现期（年）							
		10	20	30	40	50	100	120	150
安徽	池州	23.8	25.7	26.9	27.8	28.6	31.1	31.8	32.7
	宁国	25.5	26.0	26.2	26.4	26.4	26.6	26.6	26.6
	黄山	31.6	33.0	33.7	34.2	34.6	35.5	35.8	36.0
	浮梁	22.8	23.8	24.3	24.7	24.9	25.7	25.9	26.1
	休宁	24.1	25.1	25.7	26.1	26.5	27.5	27.8	28.1
江西	修水	20.8	22.1	23.0	23.5	24.0	25.4	25.8	26.2
	万载	22.9	23.6	24.0	24.2	24.4	25.0	25.1	25.2
	宜春	21.1	22.3	23.1	23.6	24.1	25.6	26.0	26.6
	吉安	21.7	22.5	22.9	23.2	23.5	24.2	24.4	24.6
	井冈山	22.8	24.3	25.2	25.9	26.4	28.0	28.5	29.0
	遂川	21.5	22.4	22.9	23.3	23.6	24.4	24.6	24.9
	赣州	19.5	20.6	21.4	21.9	22.3	23.8	24.3	24.8
	九江	24.4	25.3	25.8	26.2	26.5	27.5	27.7	28.0
	庐山	32.2	33.3	34.0	34.4	34.7	35.5	35.7	36.0
	武宁	24.3	24.8	25.0	25.1	25.2	25.4	25.4	25.4
	波阳	24.0	25.5	26.4	27.1	27.7	29.5	30.1	30.7
	景德镇	21.5	22.6	23.2	23.7	24.1	25.5	25.9	26.3
	高安	19.4	21.2	22.3	23.3	24.1	26.8	27.7	28.7
	南昌	26.8	28.0	28.5	28.8	29.0	29.6	29.8	29.9
	樟树	22.7	23.3	23.7	24.0	24.2	24.8	24.9	25.1
	弋阳	21.8	23.1	23.9	24.5	25.0	26.6	27.0	27.5
	贵溪	20.6	21.8	22.5	23.1	23.6	25.1	25.6	26.1
	玉山	24.6	25.2	25.5	25.6	25.8	26.1	26.2	26.3
	铅山	22.7	24.0	24.8	25.3	25.7	27.1	27.4	27.9
	吉水	23.2	23.7	23.9	24.0	24.1	24.3	24.3	24.4
	宜黄	22.8	23.8	24.4	24.9	25.2	26.5	26.8	27.2
	南丰	18.7	20.1	21.1	21.8	22.5	25.0	25.8	26.7
	宁都	22.1	22.8	23.1	23.4	23.6	24.1	24.3	24.4
	广昌	21.6	22.5	22.9	23.2	23.5	24.2	24.4	24.7
	石城	21.6	22.6	23.1	23.4	23.7	24.4	24.6	24.9
	全南	21.3	22.2	22.8	23.2	23.5	24.6	24.9	25.2
	寻乌	24.9	25.1	25.2	25.3	25.3	25.3	25.3	25.3
	邵武	23.9	24.4	24.7	24.8	24.9	25.1	25.2	25.2

表 A.3（续）

省份	台站名称	重现期（年）							
		10	20	30	40	50	100	120	150
福建	武夷山	24.4	25.0	25.3	25.5	25.7	26.2	26.3	26.4
	浦城	23.0	24.0	24.7	25.1	25.5	26.7	27.1	27.5
	建阳	24.8	26.1	26.9	27.4	27.9	29.4	29.9	30.4
	建瓯	24.6	25.6	26.0	26.3	26.4	26.9	27.0	27.1
	周宁	29.1	29.7	30.0	30.1	30.2	30.4	30.4	30.4
	福鼎	29.0	32.8	35.3	37.2	38.8	44.1	45.7	47.5
	泰宁	20.8	22.0	22.7	23.3	23.7	25.2	25.7	26.2
	南平	22.9	24.2	25.0	25.5	26.0	27.5	27.9	28.4
	尤溪	22.2	23.7	24.7	25.4	26.0	28.0	28.6	29.3
	霞浦	37.2	38.2	38.5	38.6	38.7	38.9	39.0	39.0
	宁德	27.9	29.5	30.5	31.2	31.7	33.4	33.8	34.4
	福州	30.5	32.0	32.6	33.0	33.3	34.0	34.2	34.4
	长汀	21.7	22.6	23.2	23.5	23.8	24.7	25.0	25.2
	上杭	24.1	24.6	24.8	25.0	25.1	25.5	25.6	25.7
	永安	25.0	25.5	25.8	26.0	26.1	26.5	26.6	26.6
	漳平	23.2	24.4	25.1	25.7	26.1	27.7	28.1	28.6
	龙岩	24.3	25.3	25.9	26.2	26.5	27.3	27.5	27.7
	德化	39.8	41.6	42.8	43.6	44.3	46.6	47.2	48.0
	古田	27.5	28.2	28.5	28.6	28.7	29.0	29.0	29.1
	南安	30.2	31.5	32.0	32.3	32.6	33.2	33.3	33.4
	平潭	39.8	40.9	41.4	41.7	41.9	42.4	42.6	42.7
	平和	27.0	28.8	29.8	30.6	31.1	32.8	33.3	33.8
	崇武	35.5	37.0	37.8	38.4	38.8	40.0	40.3	40.6
	厦门	35.5	38.6	40.5	41.9	43.0	46.7	47.7	48.9
	东山	44.3	47.5	49.6	51.1	52.4	56.8	58.1	59.7
陕西	榆林	27.4	27.9	28.1	28.3	28.4	28.6	28.7	28.7
	榆阳	25.1	26.5	27.4	28.0	28.5	30.3	30.8	31.5
	定边	30.0	31.5	32.5	33.3	33.9	36.0	36.6	37.4
	靖边	21.8	23.3	24.4	25.1	25.7	27.9	28.6	29.4
	吴起	24.3	25.1	25.6	26.0	26.3	27.4	27.7	28.0
	横山	27.2	28.7	29.6	30.3	30.9	32.6	33.2	33.8
	绥德	27.2	28.4	29.1	29.6	30.1	31.4	31.8	32.3
	延安	21.1	22.6	23.6	24.3	25.0	27.1	27.8	28.6

表 A.3（续）

省份	台站名称	重现期（年）							
		10	20	30	40	50	100	120	150
陕西	延安市宝塔区	26.0	26.6	26.8	26.9	27.0	27.1	27.1	27.2
	宜川	24.6	25.3	25.8	26.1	26.3	27.0	27.1	27.3
	长武	23.2	24.2	24.8	25.2	25.5	26.4	26.6	26.9
	洛川	22.3	23.4	24.2	24.7	25.2	26.7	27.1	27.7
	临潼	25.7	27.1	27.9	28.4	28.8	29.9	30.2	30.5
	合阳	23.2	24.2	24.8	25.2	25.5	26.4	26.7	26.9
	陈仓	23.5	24.6	25.1	25.5	25.8	26.7	27.0	27.3
	宝鸡	23.3	24.6	25.3	25.8	26.2	27.4	27.7	28.0
	太白	24.2	24.8	25.1	25.3	25.5	25.9	26.0	26.2
	武功	22.4	23.5	24.2	24.6	25.0	26.1	26.4	26.7
	周至	22.4	23.8	24.6	25.2	25.7	27.1	27.6	28.0
	礼泉	25.2	25.7	25.9	26.0	26.0	26.2	26.2	26.2
	华阴市华山镇	32.8	34.0	34.6	35.0	35.4	36.4	36.6	36.9
	兴平	23.5	24.8	25.5	26.0	26.4	27.6	27.9	28.3
	蓝田	23.7	24.6	25.0	25.3	25.5	26.2	26.3	26.5
	略阳	21.3	22.8	23.8	24.6	25.3	27.5	28.2	29.0
	勉县	22.0	23.1	23.8	24.2	24.6	25.6	25.9	26.3
	汉中	18.5	20.1	21.2	22.1	22.8	25.5	26.4	27.4
	洋县	24.5	24.9	25.1	25.3	25.4	25.7	25.8	25.8
	柞水	24.5	26.6	28.0	29.0	29.9	33.1	34.0	35.2
	商州	23.9	24.9	25.4	25.8	26.1	26.8	27.0	27.3
	镇安	26.1	27.9	28.9	29.6	30.2	31.8	32.2	32.7
	商南	20.9	22.3	23.1	23.8	24.3	26.1	26.6	27.2
	石泉	23.5	24.5	25.1	25.5	25.8	26.6	26.9	27.1
	镇巴	21.9	23.0	23.6	24.0	24.4	25.4	25.7	26.0
	安康	26.6	28.3	29.3	29.9	30.4	32.0	32.4	32.9
甘肃	马鬃山镇	27.0	28.4	29.2	29.7	30.1	31.4	31.8	32.2
	敦煌	30.2	30.7	30.9	31.0	31.1	31.2	31.2	31.3
	安西	31.6	32.5	32.9	33.2	33.5	34.2	34.4	34.5
	玉门	27.6	28.8	29.6	30.2	30.6	32.1	32.5	33.0
	鼎新	26.8	28.1	28.8	29.3	29.7	31.0	31.4	31.8
	金塔	26.2	27.5	28.3	28.8	29.2	30.4	30.8	31.1
	酒泉	29.2	29.9	30.3	30.5	30.7	31.3	31.5	31.6

表 A.3（续）

省份	台 站 名 称	重现期（年）							
		10	20	30	40	50	100	120	150
甘肃	高台	25.7	27.0	27.8	28.3	28.7	29.8	30.1	30.5
	张掖	26.0	27.4	28.3	29.0	29.6	31.4	31.9	32.6
	山丹	24.8	25.9	26.7	27.2	27.6	29.1	29.5	30.1
	永昌	27.5	28.0	28.2	28.4	28.5	28.9	28.9	29.0
	武威	26.7	27.3	27.6	27.8	27.9	28.3	28.4	28.5
	民勤	26.2	27.1	27.6	28.0	28.3	29.2	29.5	29.8
	乌鞘岭	30.2	31.6	32.5	33.1	33.6	35.3	35.7	36.3
	景泰	26.1	26.9	27.4	27.8	28.1	29.1	29.3	29.6
	靖远	24.1	25.2	25.7	26.1	26.4	27.3	27.5	27.8
	榆中	23.4	24.6	25.3	25.9	26.4	27.9	28.4	28.9
	临夏	25.7	26.4	26.7	26.9	27.0	27.4	27.4	27.5
	康乐	24.6	25.4	25.8	26.1	26.4	27.1	27.3	27.5
	通渭	28.6	29.9	30.8	31.5	32.1	34.0	34.6	35.3
	环县	24.6	25.5	25.9	26.2	26.5	27.2	27.4	27.7
	平凉	24.7	25.3	25.7	25.9	26.1	26.5	26.6	26.8
	酒泉市西峰镇	25.6	26.1	26.2	26.3	26.4	26.5	26.6	26.6
	甘南	25.2	26.1	26.5	26.9	27.2	28.0	28.3	28.6
	夏河	25.0	25.9	26.4	26.7	26.9	27.7	27.9	28.1
	岷县	23.9	24.8	25.2	25.6	25.8	26.6	26.7	27.0
	武都	24.5	25.0	25.3	25.5	25.6	25.9	26.0	26.1
	天水	19.6	21.1	22.1	22.9	23.6	26.1	26.9	27.9
宁夏	惠农	31.6	33.1	34.0	34.6	35.0	36.4	36.8	37.2
	吴忠	24.6	25.7	26.4	26.9	27.3	28.6	28.9	29.4
	永宁	27.7	29.0	29.8	30.3	30.8	32.2	32.6	33.1
	陶乐	26.0	26.9	27.5	27.9	28.2	29.1	29.4	29.6
	中卫	24.9	25.9	26.5	26.8	27.1	27.9	28.1	28.3
	中宁	26.3	26.9	27.2	27.3	27.5	27.8	27.9	28.0
	盐池	25.3	26.2	26.8	27.2	27.6	28.7	29.0	29.4
	海源	25.2	25.8	26.2	26.4	26.6	27.1	27.3	27.5
	同心	24.7	25.7	26.1	26.4	26.7	27.3	27.4	27.6
	固原	25.2	25.8	26.1	26.3	26.5	26.9	27.0	27.1
	西吉	22.6	23.8	24.6	25.2	25.7	27.3	27.7	28.3
	隆德	31.0	32.1	32.7	33.1	33.4	34.4	34.6	34.9

表 A.3（续）

省份	台站名称	重现期（年）							
		10	20	30	40	50	100	120	150
青海	茫崖	33.2	34.0	34.5	34.7	34.9	35.5	35.6	35.8
	冷湖	33.9	35.9	37.2	38.2	39.0	41.7	42.5	43.5
	托勒	29.7	30.8	31.4	31.8	32.1	33.0	33.2	33.5
	野牛沟	30.7	31.3	31.6	31.7	31.8	32.0	32.0	32.0
	祁连	27.2	28.0	28.4	28.6	28.8	29.4	29.5	29.7
	小灶火	33.8	34.1	34.1	34.2	34.2	34.2	34.2	34.2
	大柴旦	27.9	29.1	29.8	30.3	30.7	32.0	32.3	32.7
	德令哈	27.3	28.8	29.5	30.0	30.3	31.2	31.4	31.6
	刚察	27.3	28.6	29.5	30.1	30.6	32.4	33.0	33.6
	门源	27.0	27.7	28.0	28.2	28.4	28.7	28.8	28.9
	格尔木	28.8	29.9	30.7	31.2	31.7	33.1	33.5	34.0
	诺木洪	33.3	34.4	35.2	35.7	36.1	37.5	37.9	38.4
	乌兰	29.3	29.9	30.2	30.4	30.5	30.9	31.0	31.1
	都兰	24.2	26.0	27.1	28.0	28.7	31.2	31.9	32.8
	乌兰县茶卡	27.6	28.8	29.6	30.2	30.7	32.3	32.7	33.2
	共和	25.6	26.7	27.4	27.9	28.3	29.6	29.9	30.4
	西宁	25.9	26.7	27.2	27.5	27.7	28.6	28.8	29.1
	贵德	26.9	27.5	27.8	28.0	28.2	28.7	28.9	29.1
	民和	26.1	26.7	27.1	27.3	27.4	27.9	28.0	28.1
	五道梁	33.6	34.6	35.1	35.5	35.8	36.7	37.0	37.3
	兴海	28.3	29.7	30.5	31.1	31.6	33.0	33.4	33.9
	贵南	26.3	27.3	27.8	28.3	28.6	29.7	30.0	30.3
	同仁	23.2	24.6	25.5	26.1	26.6	28.1	28.6	29.1
	托托河	35.7	36.7	37.2	37.5	37.8	38.6	38.8	39.0
	杂多	30.5	31.2	31.5	31.7	31.9	32.3	32.4	32.6
	曲麻莱	30.8	31.5	31.9	32.1	32.2	32.7	32.8	32.9
	玉树	25.2	27.1	28.3	29.1	29.8	31.9	32.5	33.2
	玛多	28.7	29.9	30.6	31.2	31.6	33.1	33.6	34.1
	清水河	28.7	29.6	30.1	30.5	30.8	31.8	32.1	32.4
	果洛	27.3	28.2	28.7	29.1	29.4	30.2	30.4	30.7
	达日	27.9	28.9	29.6	30.0	30.4	31.5	31.9	32.3
	河南	29.8	31.7	32.9	33.8	34.5	37.1	37.9	38.8
	久治	26.2	27.0	27.5	27.8	28.0	28.7	28.9	29.1

表 A.3（续）

省份	台站名称	重现期（年）							
		10	20	30	40	50	100	120	150
青海	囊谦	30.0	30.5	30.7	30.8	31.0	31.3	31.4	31.4
	班玛	31.7	32.2	32.4	32.6	32.7	33.1	33.1	33.2
新疆	哈巴河	29.9	30.7	31.1	31.4	31.7	32.4	32.6	32.8
	吉木乃	29.8	31.1	31.8	32.4	32.8	34.1	34.5	34.9
	福海	30.9	31.3	31.4	31.4	31.5	31.5	31.5	31.6
	阿勒泰	27.4	28.9	29.9	30.6	31.2	33.1	33.6	34.3
	富蕴	26.6	27.1	27.3	27.4	27.5	27.7	27.7	27.8
	塔城	34.3	35.2	35.6	35.8	36.0	36.3	36.4	36.5
	青河	19.6	21.0	21.9	22.7	23.3	25.4	26.1	26.9
	阿拉山口	44.2	46.4	47.8	48.9	49.7	52.8	53.7	54.7
	塔秀	27.5	29.2	30.4	31.3	32.0	34.5	35.2	36.1
	克拉玛依	36.9	38.7	39.8	40.7	41.3	43.5	44.1	44.9
	温泉	31.2	32.1	32.7	33.1	33.4	34.3	34.5	34.8
	精河	30.4	31.1	31.5	31.7	31.8	32.2	32.2	32.3
	乌苏	28.3	29.3	30.0	30.5	30.9	32.1	32.5	32.9
	呼图壁	26.5	28.2	29.4	30.2	30.9	33.4	34.2	35.1
	奇台	30.8	32.1	32.6	32.9	33.2	33.7	33.8	33.9
	伊宁	28.3	29.3	29.9	30.3	30.7	31.8	32.1	32.4
	巩留	27.4	28.6	29.2	29.7	30.0	31.0	31.3	31.6
	昭苏	27.6	28.9	29.7	30.3	30.8	32.2	32.6	33.0
	乌鲁木齐	31.6	33.2	34.2	35.0	35.5	37.3	37.8	38.4
	萨尔托斯	19.5	22.8	25.5	27.8	29.9	38.3	41.1	44.7
	达坂城	33.9	35.6	36.7	37.6	38.3	40.9	41.6	42.5
	库米什	29.1	30.4	31.1	31.7	32.2	33.7	34.1	34.7
	巴音布鲁克	27.7	28.9	29.6	30.0	30.4	31.5	31.7	32.1
	吐鲁番	29.3	30.6	31.4	31.9	32.4	33.8	34.3	34.7
	鄯善	27.3	28.7	29.5	30.1	30.6	32.2	32.6	33.2
	阿克苏	24.9	26.8	28.0	28.9	29.5	31.8	32.5	33.2
	库车	25.9	28.1	29.6	30.9	31.9	35.7	36.8	38.3
	尉犁	29.0	30.1	30.8	31.1	31.7	33.0	33.4	33.8
	库尔勒	29.9	30.9	31.5	31.9	32.2	33.0	33.3	33.5
	喀什市	27.8	29.4	30.4	31.2	31.8	34.0	34.7	35.5
	乌恰	32.1	33.2	33.6	33.8	34.0	34.4	34.5	34.6

表 A.3（续）

省份	台站名称	重现期（年）							
		10	20	30	40	50	100	120	150
新疆	喀什疏附县	29.2	30.7	31.5	32.1	32.5	33.8	34.2	34.5
	阿合奇	27.9	28.6	29.0	29.2	29.4	30.0	30.1	30.3
	巴楚	24.4	25.5	26.2	26.6	26.9	28.0	28.3	28.6
	若羌	31.5	33.2	34.4	35.3	36.1	38.7	39.6	40.6
	塔什库尔干	27.5	28.2	28.6	28.9	29.1	29.8	29.9	30.1
	皮山	22.2	22.8	23.1	23.3	23.5	24.0	24.1	24.2
	和田	20.9	21.6	22.0	22.3	22.5	23.1	23.3	23.5
	民丰	22.3	23.2	23.8	24.2	24.5	25.5	25.7	26.1
	于田	20.7	21.4	21.7	22.0	22.2	22.7	22.9	23.0
	哈密	27.4	28.1	28.5	28.8	29.0	29.5	29.6	29.8
河南	安阳	27.4	28.8	29.6	30.1	30.6	31.8	32.1	32.4
	新乡	24.9	25.5	25.8	26.0	26.2	26.6	26.7	26.8
	三门峡	24.1	24.8	25.2	25.5	25.7	26.3	26.4	26.6
	卢氏	23.1	24.0	24.6	25.0	25.3	26.2	26.5	26.8
	宜阳	26.4	27.4	28.0	28.5	28.8	30.0	30.4	30.8
	栾川	23.5	24.4	24.9	25.2	25.4	26.2	26.4	26.6
	郑州	24.7	25.3	25.7	26.0	26.2	26.9	27.0	27.3
	许昌	22.2	23.4	24.1	24.6	25.0	26.3	26.7	27.2
	开封	22.8	23.7	24.3	24.8	25.2	26.5	26.9	27.3
	西峡	23.4	24.2	24.7	25.0	25.3	26.2	26.4	26.7
	南阳	24.3	24.9	25.3	25.5	25.7	26.3	26.4	26.6
	宝丰	25.8	26.1	26.2	26.3	26.3	26.4	26.4	26.4
	西华	23.5	25.2	26.4	27.3	28.1	31.0	31.9	33.0
	桐柏	23.6	24.5	25.0	25.4	25.6	26.4	26.6	26.9
	驻马店	27.6	28.2	28.5	28.7	28.8	29.2	29.3	29.4
	信阳	23.5	24.8	25.6	26.1	26.6	28.0	28.5	28.9
	商丘	23.8	24.6	25.1	25.4	25.7	26.4	26.6	26.8
	濮阳	25.6	26.2	26.4	26.6	26.7	27.0	27.1	27.2
	固始	24.7	25.8	26.2	26.5	26.7	27.3	27.4	27.5
湖北	郧西	21.9	23.1	23.8	24.3	24.7	26.0	26.4	26.8
	竹山	24.7	25.3	25.6	25.7	25.8	26.0	26.0	26.1
	房县	19.5	21.2	22.4	23.3	24.0	26.6	27.4	28.3
	老河口	22.3	23.5	24.2	24.7	25.1	26.2	26.5	26.8

表 A.3（续）

省份	台站名称	重现期（年）							
		10	20	30	40	50	100	120	150
湖北	襄阳	24.8	25.9	26.5	27.0	27.4	28.6	28.9	29.3
	枣阳	24.6	26.1	27.0	27.7	28.3	30.2	30.8	31.4
	巴东	23.0	23.8	24.3	24.7	24.9	25.7	25.9	26.2
	长阳	20.7	22.3	23.4	24.2	24.8	27.0	27.6	28.3
	溪丘湾	21.8	23.0	23.7	24.2	24.6	25.8	26.1	26.5
	南漳	22.8	23.8	24.4	24.8	25.2	26.1	26.4	26.7
	钟祥	23.8	24.6	25.0	25.3	25.6	26.3	26.5	26.7
	随州	22.0	23.5	24.5	25.1	25.7	27.4	27.9	28.5
	孝昌	25.1	26.7	27.7	28.5	29.2	31.6	32.3	33.2
	麻城	24.5	25.4	25.9	26.3	26.6	27.6	27.9	28.2
	利川	21.4	22.5	23.2	23.6	23.9	25.0	25.2	25.5
	屯堡	20.5	21.8	22.7	23.3	23.7	25.3	25.8	26.3
	恩施	20.0	21.6	22.5	23.2	23.7	25.2	25.6	26.1
	五峰	21.6	22.8	23.5	23.9	24.3	25.5	25.8	26.2
	宜昌	23.3	24.2	24.7	25.1	25.4	26.3	26.6	26.9
	荆州	23.0	24.0	24.5	24.9	25.2	26.0	26.2	26.5
	汉川	21.8	23.0	23.7	24.2	24.7	26.1	26.5	27.1
	天门	24.3	24.9	25.2	25.5	25.6	26.1	26.2	26.4
	江夏	24.5	25.2	25.6	25.9	26.1	26.8	26.9	27.1
	武汉	25.9	26.6	27.0	27.3	27.3	27.7	27.8	27.9
	来凤	21.4	23.1	24.1	24.8	25.3	27.1	27.6	28.2
	华容	24.3	24.8	25.1	25.3	25.4	25.7	25.8	25.9
	云溪	23.7	24.9	25.5	25.9	26.1	26.9	27.1	27.3
	嘉鱼	27.0	28.1	28.8	29.3	29.7	31.0	31.4	31.9
	咸宁	19.9	21.2	22.1	22.8	23.4	25.5	26.2	27.0
	英山	22.2	23.3	23.9	24.4	24.7	25.9	26.2	26.6
	黄石	24.8	25.7	26.3	26.7	27.0	28.1	28.4	28.7
湖南	桑植	22.2	23.4	24.2	24.7	25.2	26.6	27.0	27.5
	石门	21.9	22.9	23.5	23.9	24.3	25.4	25.7	26.1
	南县	22.8	24.3	25.3	26.0	26.6	28.5	29.0	29.7
	岳阳	25.9	27.1	27.7	28.0	28.2	28.8	28.9	29.0
	花垣	20.6	21.8	22.5	22.9	23.3	24.4	24.6	25.0
	吉首	23.8	24.1	24.2	24.2	24.2	24.3	24.3	24.3

表 A.3（续）

省份	台站名称	重现期（年）							
		10	20	30	40	50	100	120	150
湖南	沅陵	22.0	22.8	23.3	23.6	23.9	24.6	24.8	25.0
	常德	25.4	26.4	27.1	27.5	27.8	28.9	29.2	29.6
	安化	21.4	22.5	23.1	23.5	23.9	24.8	25.1	25.4
	沅江	26.2	27.0	27.5	27.9	28.1	29.0	29.2	29.5
	益阳	24.1	24.5	24.7	24.8	24.9	25.2	25.3	25.4
	长沙	23.8	25.1	25.9	26.4	26.9	28.2	28.6	29.0
	平江	22.3	23.3	23.8	24.2	24.4	25.1	25.3	25.5
	宁乡	22.1	23.0	23.6	24.0	24.4	25.4	25.8	26.1
	芷江	21.0	22.4	23.3	23.9	24.3	25.8	26.2	26.7
	怀化	22.7	23.3	23.6	23.8	24.0	24.3	24.3	24.4
	洞口	21.8	23.3	24.2	24.9	25.4	27.1	27.6	28.2
	新邵	24.2	26.0	27.2	27.9	28.4	30.0	30.4	30.8
	邵阳市	23.3	24.3	24.9	25.2	25.5	26.4	26.6	26.9
	双峰	22.5	23.5	24.1	24.5	24.9	26.1	26.5	26.9
	南岳	39.8	41.4	42.3	42.8	43.2	44.4	44.6	45.0
	攸县	22.4	23.4	23.9	24.4	24.7	25.7	26.0	26.3
	株洲	25.7	26.4	26.7	27.0	27.1	27.6	27.8	27.9
	莲花	23.3	23.7	24.0	24.1	24.2	24.4	24.4	24.4
	靖州	20.2	21.3	22.0	22.5	22.9	24.5	24.9	25.5
	通道	20.6	21.4	21.9	22.2	22.5	23.5	23.8	24.1
	武冈	21.3	22.4	23.2	23.7	24.2	25.7	26.1	26.6
	城步	21.3	22.5	23.1	23.6	24.0	25.2	25.5	25.9
	邵阳县	22.4	23.8	24.7	25.4	25.9	27.7	28.2	28.9
	零陵	27.7	28.9	29.5	29.9	30.2	31.0	31.1	31.3
	衡阳	24.6	25.3	25.7	26.0	26.2	26.9	27.0	27.2
	常宁	23.7	24.8	25.4	25.9	26.3	27.5	27.8	28.2
	资兴	21.2	22.0	22.5	22.8	23.0	23.9	24.1	24.4
	道县	22.4	23.1	23.4	23.5	23.6	23.9	24.0	24.0
	郴州	20.5	21.4	22.0	22.4	22.7	23.9	24.2	24.6
	蓝山	20.8	22.1	23.0	23.7	24.3	26.4	27.0	27.8
广东	南雄	21.9	22.6	22.9	23.2	23.4	23.9	24.0	24.1
	连县	19.2	20.5	21.3	21.9	22.4	24.2	24.8	25.4
	韶关	21.5	22.4	23.0	23.4	23.6	24.5	24.7	25.0

表 A.3（续）

省份	台站名称	重现期（年）							
		10	20	30	40	50	100	120	150
广东	佛冈	23.7	24.6	25.2	25.5	25.8	26.7	26.9	27.2
	英德	22.3	23.2	23.7	24.0	24.3	25.0	25.2	25.5
	连平	23.4	24.0	24.3	24.5	24.7	25.1	25.3	25.4
	新丰	22.7	23.6	24.1	24.5	24.8	25.5	25.7	26.0
	龙川	22.7	23.8	24.4	24.9	25.3	26.5	26.9	27.3
	大埔	25.3	27.0	28.0	28.7	29.3	31.1	31.6	32.2
	丰顺	25.9	26.9	27.5	27.9	28.2	29.0	29.2	29.5
	梅县	24.4	25.6	26.2	26.7	27.0	28.0	28.3	28.6
	广宁	23.5	24.4	24.9	25.3	25.6	26.6	26.8	27.2
	高要	24.6	27.0	28.5	29.7	30.6	33.6	34.5	35.5
	花都	24.0	25.0	25.5	25.8	26.1	26.8	27.0	27.2
	广州	27.9	29.5	30.2	30.8	31.1	32.2	32.4	32.7
	中山	26.5	28.4	29.5	30.3	30.9	32.8	33.3	33.9
	河源	23.6	24.8	25.5	26.1	26.5	28.1	28.5	29.1
	增城	25.9	26.7	27.2	27.4	27.7	28.3	28.5	28.7
	惠州	28.9	30.4	31.4	32.1	32.6	34.5	35.0	35.6
	五华	24.6	26.1	27.1	27.7	28.2	29.8	30.3	30.8
	紫金	28.3	29.1	29.4	29.6	29.8	30.1	30.2	30.3
	陆河	29.3	31.6	33.0	33.9	34.6	36.8	37.4	38.1
	揭阳	26.2	27.9	29.0	29.9	30.6	33.1	33.9	34.9
	汕头	35.0	38.0	39.7	41.0	41.9	45.1	46.0	47.0
	惠来	35.9	38.2	39.4	40.1	40.6	42.0	42.3	42.6
	南澳	33.6	36.2	37.9	39.2	40.2	43.7	44.7	46.0
	信宜	28.2	29.2	29.8	30.2	30.5	31.3	31.5	31.8
	罗定	28.2	29.0	29.4	29.7	29.9	30.4	30.6	30.7
	台山	29.7	31.8	33.1	34.1	35.0	38.0	38.9	39.9
	斗门	30.8	32.6	33.7	34.5	35.1	37.1	37.7	38.4
	金湾	39.1	40.8	41.6	42.0	42.3	42.9	43.1	43.2
	深圳	29.8	32.1	33.5	34.4	35.2	37.5	38.1	38.8
	汕尾	40.0	44.3	47.2	49.4	51.2	57.4	59.3	61.6
	湛江	37.7	40.0	41.2	42.0	42.6	44.4	44.8	45.3
	阳江	39.9	43.2	45.0	46.3	47.2	50.1	50.9	51.8
	电白	35.9	39.0	40.7	42.0	42.9	45.9	46.7	47.6

表 A.3（续）

省份	台站名称	重现期（年）							
		10	20	30	40	50	100	120	150
广东	上川岛	45.5	47.6	48.7	49.3	49.7	50.8	51.0	51.3
	徐闻	37.3	40.4	41.9	42.9	43.6	45.6	46.1	46.6
广西	桂林	21.6	22.4	22.8	23.0	23.2	23.6	23.7	23.8
	都安	22.3	23.7	24.6	25.2	25.8	27.6	28.1	28.7
	柳州	21.2	22.1	22.5	22.8	23.0	23.7	23.9	24.1
	蒙山	21.0	21.9	22.4	22.8	23.1	24.2	24.5	24.8
	百色	20.3	21.7	22.5	23.0	23.4	24.7	25.1	25.5
	靖西	20.4	21.8	22.6	23.2	23.8	25.5	26.1	26.7
	平果	21.5	22.5	23.1	23.6	24.0	25.2	25.6	26.0
	来宾	22.0	22.8	23.3	23.7	24.0	24.9	25.1	25.4
	桂平	24.2	24.8	25.1	25.3	25.4	25.8	25.9	26.0
	梧州	24.9	25.6	25.8	26.0	26.1	26.3	26.3	26.4
	龙州	25.1	26.4	27.0	27.3	27.6	28.2	28.4	28.6
	南宁	25.0	26.0	26.6	27.1	27.4	28.5	28.8	29.1
	灵山	23.4	24.9	26.0	26.8	27.4	29.8	30.6	31.5
	玉林	23.6	25.3	26.3	27.1	27.7	29.7	30.2	30.9
	东兴	37.6	41.1	43.0	44.2	45.0	47.5	48.1	48.8
	防城	30.9	33.8	35.6	36.9	37.9	41.1	42.1	43.1
	北海	35.4	38.9	40.9	42.3	43.4	46.7	47.5	48.5
	涠洲岛	43.5	46.9	49.0	50.5	51.8	55.8	57.0	58.3
四川	石渠	28.2	29.2	29.7	30.0	30.3	31.1	31.3	31.5
	若尔盖	25.2	25.9	26.2	26.5	26.7	27.3	27.5	27.7
	德格	26.5	27.9	28.8	29.5	30.0	31.7	32.1	32.7
	甘孜	32.1	33.3	33.9	34.2	34.5	35.1	35.3	35.4
	色达	29.0	30.6	31.5	32.3	32.9	35.0	35.6	36.3
	道孚	25.1	25.9	26.3	26.7	26.9	27.7	27.9	28.1
	马尔康	22.7	24.2	25.2	26.0	26.6	28.8	29.4	30.2
	红原	29.6	30.5	30.9	31.1	31.3	31.7	31.7	31.8
	小金	23.9	25.2	26.1	26.7	27.2	29.0	29.5	30.2
	松潘	20.7	21.9	22.8	23.5	24.1	26.3	27.0	27.8
	成都	21.7	22.8	23.4	23.9	24.3	25.6	25.9	26.4
	都江堰	20.2	21.7	22.6	23.3	23.9	25.8	26.3	27.0
	绵阳	21.8	22.8	23.4	23.8	24.2	25.3	25.6	25.9

表 A.3（续）

省份	台 站 名 称	重现期（年）							
		10	20	30	40	50	100	120	150
四川	巴塘	22.1	23.7	24.8	25.6	26.2	28.6	29.2	30.1
	新龙	27.9	29.1	29.9	30.4	30.9	32.5	33.0	33.5
	理塘	26.1	26.8	27.1	27.4	27.5	28.1	28.2	28.4
	雅安	21.7	22.9	23.6	24.1	24.5	25.8	26.2	26.7
	稻城	26.6	27.0	27.1	27.2	27.3	27.6	27.6	27.7
	康定	25.3	26.0	26.3	26.5	26.6	27.0	27.1	27.2
	乐山	21.7	23.1	23.8	24.3	24.6	25.5	25.7	26.0
	九龙	24.4	25.2	25.7	26.0	26.2	27.0	27.2	27.4
	越西	25.5	25.9	26.1	26.2	26.3	26.4	26.4	26.5
	昭觉	24.7	25.3	25.6	25.8	26.0	26.4	26.5	26.6
	雷波	23.6	24.9	25.8	26.4	26.9	28.6	29.1	29.6
	宜宾	24.0	24.5	24.7	24.8	24.9	25.1	25.1	25.1
	盐源	26.1	26.6	26.9	27.1	27.2	27.7	27.8	27.9
	西昌	24.2	25.0	25.4	25.7	26.0	26.6	26.8	27.0
	攀枝花	22.6	23.9	24.7	25.2	25.7	27.2	27.6	28.1
	会理	24.0	25.0	25.5	25.8	26.1	26.9	27.1	27.4
	广元	24.1	24.7	24.9	25.0	25.1	25.3	25.3	25.4
	宁强	20.3	21.8	22.7	23.4	23.8	25.3	25.7	26.2
	万源	22.3	23.2	23.7	24.1	24.4	25.4	25.7	26.0
	阆中	21.8	22.8	23.3	23.7	24.0	24.9	25.2	25.5
	巴中	21.0	22.4	23.2	23.8	24.2	25.5	25.8	26.2
	达县	28.0	29.7	30.7	31.4	31.9	33.7	34.2	34.8
	遂宁	21.4	22.9	23.8	24.4	24.9	26.3	26.7	27.1
	南充	22.8	23.6	24.0	24.2	24.4	24.7	24.8	24.8
	叙永	22.0	22.8	23.3	23.6	23.8	24.6	24.8	25.0
贵州	威宁	25.1	25.4	25.5	25.6	25.6	25.7	25.7	25.8
	盘县	22.1	23.7	24.8	25.6	26.3	28.8	29.6	30.5
	桐梓	21.6	22.4	22.8	23.2	23.4	24.2	24.4	24.7
	习水	19.4	21.3	22.6	23.5	24.3	26.9	27.6	28.6
	毕节	20.1	21.8	22.9	23.7	24.3	26.3	26.9	27.5
	思南	20.8	21.7	22.2	22.6	22.9	23.7	23.9	24.1
	铜仁	20.7	21.7	22.2	22.6	22.9	23.8	24.1	24.4
	安顺	21.9	22.8	23.3	23.7	23.9	24.6	24.8	25.0

表 A.3（续）

省份	台站名称	重现期（年）							
		10	20	30	40	50	100	120	150
贵州	贵阳	22.1	23.7	24.7	25.4	26.0	28.0	28.5	29.2
	凯里	21.0	21.8	22.2	22.5	22.7	23.4	23.5	23.7
	都匀	20.3	21.4	22.0	22.4	22.6	23.4	23.6	23.8
	三穗	19.2	20.3	21.0	21.5	22.0	23.3	23.7	24.2
	兴义	24.0	25.0	25.6	25.9	26.2	27.1	27.3	27.6
	罗甸	22.1	22.6	22.9	23.1	23.3	23.7	23.8	24.0
云南	德钦	23.2	24.3	25.1	25.7	26.1	27.8	28.2	28.8
	贡山	21.3	23.2	24.4	25.3	26.1	28.9	29.7	30.7
	中甸	26.7	27.0	27.1	27.2	27.3	27.4	27.5	27.5
	维西	22.4	23.7	24.6	25.2	25.7	27.4	27.8	28.4
	昭通	24.8	26.8	27.9	28.7	29.3	31.3	31.9	32.5
	怒江	24.4	25.1	25.6	26.0	26.2	27.1	27.4	27.7
	丽江	24.0	24.9	25.5	25.9	26.2	27.3	27.7	28.0
	华坪	28.7	29.8	30.4	30.8	31.0	31.8	31.9	32.1
	会泽	26.1	27.7	28.8	29.7	30.3	32.7	33.4	34.3
	宣威	22.0	23.0	23.6	24.0	24.3	25.2	25.4	25.7
	腾冲	22.8	23.8	24.4	24.8	25.1	26.0	26.2	26.5
	保山	24.9	25.5	25.8	26.0	26.1	26.4	26.5	26.6
	大理	35.5	37.1	38.1	38.8	39.3	41.1	41.6	42.1
	元谋	26.5	27.8	28.4	28.8	29.1	29.9	30.0	30.2
	楚雄	24.9	25.7	26.0	26.3	26.4	26.9	27.1	27.2
	昆明	28.7	29.7	30.3	30.6	30.8	31.4	31.5	31.7
	沾益	23.2	24.1	24.6	24.9	25.2	26.1	26.4	26.6
	瑞丽	21.0	22.1	22.7	23.1	23.5	24.4	24.7	24.9
	景东	20.9	22.3	23.2	23.9	24.4	26.3	26.8	27.4
	玉溪	24.0	25.4	26.2	26.7	27.0	28.1	28.4	28.7
	泸西	24.9	25.4	25.6	25.7	25.7	25.9	25.9	26.0
	耿马	20.2	22.5	24.1	25.3	26.4	30.4	31.7	33.2
	临沧	19.7	21.1	22.0	22.6	23.2	25.1	25.7	26.4
	澜沧	19.0	20.0	20.7	21.1	21.5	22.9	23.2	23.7
	景洪	20.7	21.5	21.9	22.1	22.3	22.8	22.9	23.0
	思茅	19.1	20.2	21.0	21.6	22.0	23.7	24.2	24.8
	元江	23.4	24.1	24.5	24.8	25.1	25.8	26.0	26.3

表 A.3（续）

省份	台站名称	重现期（年）							
		10	20	30	40	50	100	120	150
云南	勐腊	19.6	21.0	21.9	22.5	23.0	24.6	25.0	25.6
	江城	19.3	20.9	21.9	22.6	23.2	24.9	25.4	26.0
	蒙自	22.7	23.5	24.1	24.5	24.8	25.8	26.1	26.4
	屏边	23.4	24.1	24.5	24.8	25.0	25.7	25.8	26.0
	广南	24.7	25.4	25.8	25.9	26.1	26.4	26.4	26.6
西藏	班戈	34.0	36.0	37.3	38.2	39.0	41.5	42.3	43.2
	安多	37.0	39.3	40.9	42.1	43.1	46.8	47.9	49.2
	那曲	33.2	34.4	35.1	35.6	36.0	37.3	37.6	38.0
	日喀则	29.5	31.4	32.5	33.4	34.0	36.2	36.9	37.6
	拉萨	29.9	31.1	31.7	32.1	32.5	33.5	33.8	34.1
	泽当	25.2	26.8	28.0	28.9	29.7	32.4	33.3	34.3
	江孜	33.7	34.4	34.8	35.0	35.2	35.6	35.7	35.8
	隆子	27.2	28.0	28.4	28.6	28.8	29.3	29.5	29.6
	索县	30.4	32.2	33.4	34.4	35.1	37.8	38.5	39.5
	昌都	28.7	29.3	29.5	29.7	29.8	30.1	30.2	30.3
	林芝	28.2	29.4	29.9	30.3	30.6	31.5	31.7	32.0
海南	海口	33.9	35.8	36.7	37.2	37.5	38.4	38.6	38.8
	东方	39.7	41.6	42.6	43.3	43.8	45.1	45.4	45.8
	儋县	27.3	28.5	29.2	29.6	29.9	30.9	31.1	31.4
	琼中	27.7	29.5	30.6	31.3	31.9	33.7	34.2	34.8
	琼海	37.4	38.3	38.6	38.8	38.9	39.1	39.1	39.2
	三亚	45.9	49.9	52.1	53.6	54.8	58.4	59.4	60.5
	陵水	44.0	46.0	47.1	47.8	48.3	49.8	50.2	50.6
	西沙	55.7	59.1	60.6	61.5	62.1	63.7	64.0	64.4
台湾	台北	25.9	29.3	31.3	32.7	33.8	37.3	38.2	39.3
	新竹	27.3	31.0	33.1	34.6	35.7	39.4	40.3	41.5
	宜兰	42.5	48.2	51.5	53.8	55.6	61.3	62.7	64.5
	台中	26.7	30.3	32.3	33.8	34.9	38.5	39.4	40.5
	花莲	25.9	29.3	31.3	32.7	33.8	37.3	38.2	39.3
	嘉义	27.3	31.0	33.1	34.6	35.7	39.4	40.3	41.5
	马公	35.0	39.6	42.3	44.2	45.7	50.4	51.6	53.1
	台东	28.7	32.5	34.8	36.3	37.6	41.4	42.4	43.6
	冈山	27.3	31.0	33.1	34.6	35.7	39.4	40.3	41.5

表 A.3（续）

省份	台站名称	重现期（年）							
		10	20	30	40	50	100	120	150
台湾	恒春	30.7	34.8	37.2	38.9	40.2	44.3	45.3	46.6
	阿里山	20.0	22.6	24.2	25.3	26.1	28.8	29.5	30.3
	台南	28.0	31.7	33.9	35.5	36.7	40.4	41.3	42.5
香港	香港	27.4	31.0	33.2	34.7	35.8	39.5	40.4	41.6
	横澜岛	33.2	37.6	40.2	42.0	43.5	47.9	49.0	50.4
澳门	澳门	26.6	30.2	32.2	33.7	34.8	38.4	39.3	40.4

A.4 全国各气象台站风速概率分布模型及参数值

表 A.4 全国各气象台站风速概率分布模型及参数值

省份	站 名	纬度（°）	经度（°）	海拔（m）	概率模型	标准差（m/s）	模型系数		
							ξ (ξ)	α (β)	k (α)
北京	密云	40.23	116.52	71.8	4	2.43	12.76	1.36	-0.02
	北京	39.48	116.28	31.3	5	2.31	17.12	2.11	-0.40
天津	武清	39.44	117.17	5.1	4	3.50	15.43	1.80	-0.16
	天津	39.05	117.04	2.5	4	3.09	18.43	1.65	-0.12
	塘沽	39.03	117.43	4.8	5	2.58	18.21	2.59	-0.04
上海	宝山	31.24	121.27	5.5	1	2.21	12.01	2.08	0.16
重庆	巫溪	31.54	109.32	995.8	4	1.96	9.91	0.86	-0.29
	奉节	31.01	109.32	299.8	1	3.52	13.18	2.83	0.01
	梁平	30.41	107.48	454.5	4	2.23	9.50	1.21	-0.12
	万州	30.46	108.24	186.7	3	2.56	6.62	4.52	0.35
	荣昌	29.42	105.42	394.7	5	1.24	14.27	1.28	0.11
	沙坪坝	29.35	106.28	259.1	4	2.83	15.50	1.43	-0.12
	巴南	29.17	106.15	261.4	1	2.44	8.99	1.79	-0.07
	涪陵	29.5	107.04	377.6	4	2.14	14.39	1.07	-0.15
	綦江	29	106.39	474.7	3	2.17	11.00	5.52	0.66
	酉阳	28.5	108.46	664.1	2	2.87	7.83	3.03	2.26
河北	张北	41.09	114.42	1 393.3	4	1.99	26.02	1.05	-0.09
	蔚县	39.5	114.34	909.5	4	1.56	14.95	0.66	-0.27
	石家庄	38.02	114.25	81	4	2.57	12.26	1.43	-0.03
	邢台	37.04	114.3	77.3	5	1.30	14.02	1.31	0.05
	丰宁	41.13	116.38	661.2	3	3.20	10.94	3.95	0.11

表 A.4（续）

省份	站 名	纬度(°)	经度(°)	海拔(m)	概率模型	标准差(m/s)	模型系数 $\xi(\xi)$	模型系数 $\alpha(\beta)$	模型系数 $k(\alpha)$
河北	围场	41.56	117.45	842.8	1	1.76	10.63	1.65	0.16
	张家口	40.47	114.53	724.2	4	1.14	15.91	0.63	-0.07
	涿鹿	40.24	115.3	536.8	2	1.85	14.92	1.87	-0.22
	怀来	40.27	115.58	487.9	1	2.26	12.07	1.98	0.10
	承德	40.59	117.57	385.9	4	2.06	13.28	0.87	-0.31
	遵化	40.12	117.57	54.9	3	3.36	8.57	6.06	0.36
	青龙	40.24	118.57	227.5	3	1.29	10.77	2.93	0.56
	秦皇岛	39.51	119.31	2.4	4	2.08	15.43	0.97	-0.19
	青龙县青龙镇	40.48	119.49	365.5	4	1.07	17.07	0.58	-0.06
	廊坊	39.07	116.23	9	3	3.19	9.09	6.27	0.43
	唐山	39.4	118.09	27.8	1	2.72	13.01	2.90	0.42
	滦南	39.17	118.28	3.2	1	1.90	15.21	1.41	-0.05
	乐亭	39.26	118.53	10.5	3	3.18	8.94	8.93	0.76
	保定	38.51	115.31	17.2	4	3.88	13.63	2.12	-0.08
	衡水饶阳	38.14	115.44	19	5	1.58	14.55	1.55	-0.19
	泊头	38.05	116.33	13.2	4	1.34	17.27	0.73	-0.03
	黄骅	38.22	117.21	6.6	5	2.71	15.56	2.70	-0.14
	南宫	37.22	115.23	27.4	4	2.79	15.81	1.58	0.01
山西	右玉	40	112.27	1 345.8	5	1.53	19.88	1.48	-0.28
	大同	40.06	113.2	1 067.2	4	2.52	22.36	1.42	-0.06
	天镇	40.26	114.03	1 014.7	1	1.94	16.10	2.09	0.40
	河曲	39.23	111.09	861.5	2	1.76	13.86	1.80	0.95
	朔州	39.18	112.26	1 110	1	3.08	16.20	3.39	0.48
	灵丘	39.27	114.11	938.7	1	1.46	12.08	1.52	0.32
	五寨	38.55	111.49	1 401	1	2.29	15.30	2.12	0.16
	兴县	38.28	111.08	1 012.6	4	1.72	12.86	0.88	-0.19
	原平	38.44	112.43	828.2	3	2.79	12.01	5.28	0.40
	晋阳	37.47	113.39	787	2	2.84	19.15	2.91	-0.67
	离石	37.3	111.06	950.8	4	2.58	14.94	1.20	-0.16
	太原	37.47	112.33	778.3	5	2.77	15.87	2.39	-0.48
	晋中	37.25	112.35	799.6	4	1.93	14.48	1.10	-0.01
	榆社	37.04	112.59	1 041.4	5	2.06	13.84	1.80	-0.49
	隰县	36.42	110.57	1 052.7	4	2.11	16.42	1.12	-0.14

表 A.4（续）

省份	站 名	纬度(°)	经度(°)	海拔(m)	概率模型	标准差(m/s)	模型系数 ξ(ξ)	模型系数 α(β)	模型系数 k(α)
山西	介休	37.02	111.55	743.9	3	3.08	9.59	8.70	0.77
	临汾	36.04	111.3	449.5	4	1.59	14.63	0.85	-0.13
	安泽	36.1	112.15	856	4	2.10	23.42	1.08	-0.12
	长治	36.03	113.04	991.8	2	1.61	16.64	1.67	0.73
	潞城	36.31	113.02	877.9	3	2.01	14.37	4.78	0.59
	运城	35.03	111.03	365	1	3.44	14.84	3.33	0.20
	侯马	35.39	111.22	433.8	1	1.68	14.21	1.41	0.04
	垣曲	35.17	111.4	505	4	1.85	16.30	0.79	-0.33
	阳城	35.29	112.24	659.5	5	1.29	20.68	1.29	-0.14
	潼关	34.53	110.27	354.1	1	1.82	16.74	1.88	0.31
内蒙古	额尔古纳	50.15	120.11	581.4	1	1.97	16.33	1.42	-0.09
	牙克石市图里河镇	50.29	121.41	732.6	4	2.02	13.57	0.96	-0.25
	满洲里	49.34	117.26	661.7	4	2.86	19.68	1.61	-0.03
	海拉尔	49.15	119.42	649.6	5	3.11	20.07	3.08	-0.15
	鄂伦春小二沟	49.12	123.43	286.1	2	1.91	16.91	1.95	1.29
	新巴尔虎右旗	48.4	116.49	554.2	3	3.43	12.94	9.18	0.72
	新巴尔虎左旗阿木古朗	48.13	118.16	642	1	2.21	20.12	1.51	-0.11
	牙克石市博克图	48.46	121.55	739.7	3	2.34	14.55	5.47	0.59
	扎兰屯市	48	122.44	306.5	4	1.94	16.25	1.04	-0.13
	科右翼前旗阿尔山	47.1	119.56	997.2	1	3.33	15.24	3.11	0.16
	科右翼前旗索伦	46.36	121.13	499.7	1	2.36	15.94	2.28	0.19
	乌兰浩特	46.05	122.03	274.7	4	3.00	17.20	1.58	-0.17
	东乌珠穆沁旗	45.31	116.58	838.9	5	2.72	17.50	2.71	0.14
	额济纳旗	41.57	101.04	940.5	2	1.42	22.70	1.45	0.62
	阿左旗巴彦毛道	40.1	104.48	1 323.9	3	2.82	17.36	8.27	0.80
	阿拉善右旗	39.13	101.41	1 510.1	3	2.97	13.56	8.19	0.74
	二连浩特	43.39	111.58	964.7	5	3.54	21.67	3.31	0.35
	那仁宝力格	44.37	114.09	1 181.6	4	1.52	22.52	0.82	-0.04
	达茂旗满都拉	42.32	110.08	1 225.2	1	2.80	20.89	2.99	0.39
	阿巴嘎旗	44.01	114.57	1 126.1	4	2.10	21.89	1.06	-0.15
	苏尼特左旗	43.52	113.38	1 036.7	3	2.53	16.87	8.27	0.93
	苏尼特右旗朱日和	42.24	112.54	1 150.8	2	1.26	24.55	1.26	0.95
	乌拉特中旗海流图	41.34	108.31	1 288	3	3.31	13.64	9.37	0.77

表 A.4（续）

省份	站 名	纬度(°)	经度(°)	海拔(m)	概率模型	标准差(m/s)	模型系数 $\xi(\xi)$	模型系数 $\alpha(\beta)$	模型系数 $k(\alpha)$
内蒙古	达尔罕联合旗百灵庙	41.42	110.26	1 376.6	3	1.87	24.27	7.22	1.13
	四子王旗	41.32	111.41	1 490.1	4	2.60	19.27	1.14	−0.23
	武川	41.19	111.14	1 602.3	4	3.02	20.69	1.70	−0.04
	化德	41.54	114	1 482.7	4	1.56	28.00	0.86	−0.04
	包头	40.4	109.51	1 067.2	1	4.52	13.19	4.63	0.30
	呼和浩特	40.49	111.41	1 063	4	2.04	24.44	1.10	−0.04
	集宁	41.02	113.04	1 419.3	4	2.18	25.89	1.14	−0.14
	阿拉善左旗吉兰泰	39.47	105.45	1 031.8	5	2.05	16.82	2.01	−0.23
	临河	40.45	107.25	1 039.3	1	2.14	10.89	1.54	−0.06
	鄂托克旗	39.06	107.59	1 380.3	5	3.69	17.13	3.58	−0.24
	东胜	39.5	109.59	1 461.9	5	1.44	16.47	1.41	−0.18
	鄂尔多斯乌审旗	39.06	108.55	1 313.4	1	2.20	15.53	2.09	0.17
	阿拉善左旗巴彦浩特	38.5	105.4	1 561.4	1	2.57	15.10	2.68	0.38
	西乌珠穆沁旗	44.35	117.36	1 000.6	5	2.06	17.87	2.06	−0.10
	扎鲁特旗	44.34	120.54	265	4	1.66	17.79	0.90	−0.07
	巴林左旗	43.59	119.24	486.2	3	1.92	17.63	5.05	0.70
	锡林浩特	43.57	116.07	1 003	4	2.37	20.94	1.25	−0.13
	林西	43.36	118.04	799.5	2	3.71	19.82	3.81	1.73
	开鲁	43.36	121.17	241	5	3.18	19.43	3.12	0.09
	通辽	43.36	122.16	178.7	1	2.69	17.79	1.94	−0.07
	多伦	42.11	116.28	1 245.4	5	2.26	21.11	2.20	−0.21
	翁牛特旗	42.56	119.01	634.3	4	1.56	16.51	0.79	−0.16
	赤峰	42.16	118.56	568	2	2.06	15.09	2.12	1.04
	宝国图	42.2	120.42	400.5	2	1.48	20.87	1.51	0.92
辽宁	彰武	42.25	122.32	79.4	4	2.05	19.49	1.13	−0.05
	阜新	42.05	121.43	167.8	1	2.36	14.46	2.16	0.14
	开原	42.47	124.07	165.1	1	2.65	17.19	2.44	0.14
	马家寨	42.32	124.03	98.2	4	2.64	17.21	0.98	−0.38
	清原	42.06	124.55	237.2	4	2.80	12.98	1.30	−0.19
	朝阳	41.33	120.27	169.9	3	1.76	15.81	4.44	0.65
	凌源	41.23	119.42	422	3	2.49	7.34	9.17	1.08
	新民	41.59	122.5	30.7	4	2.23	14.51	1.25	−0.07
	凌海	41.31	121.14	68.5	1	2.67	15.61	2.53	0.16

表 A.4（续）

省份	站 名	纬度(°)	经度(°)	海拔(m)	概率模型	标准差(m/s)	模型系数 ξ (ξ)	模型系数 α (β)	模型系数 k (α)
辽宁	黑山	41.41	122.05	37.5	3	2.05	21.83	7.41	1.05
	锦州	41.08	121.07	65.9	2	1.75	22.69	1.79	0.69
	鞍山	41.05	123	77.3	4	1.28	19.79	0.67	0.01
	沈阳	41.44	123.31	49	4	3.05	22.28	1.68	0.10
	辽阳	41.19	123.47	185.4	5	3.42	13.30	3.33	-0.23
	本溪满族自治县	41.18	124.08	258.9	4	1.34	14.28	0.75	-0.08
	章党	41.55	124.05	118.5	2	2.38	14.50	2.45	1.11
	华来	41.44	125.03	328.4	5	1.84	11.00	1.68	-0.42
	桓仁	41.17	125.21	245.5	4	1.56	15.45	0.72	-0.25
	绥中	40.21	120.21	15.3	1	1.82	13.09	1.39	-0.02
	兴城	40.35	120.42	10.5	4	2.60	15.30	1.27	-0.17
	大洼	41.01	122.04	5.5	4	1.70	16.92	0.76	-0.29
	营口	40.39	122.1	3.8	4	2.27	19.36	1.15	-0.14
	盖州	40.53	122.43	25.3	1	1.62	17.42	1.62	0.25
	盖县熊岳	40.1	122.09	20.4	4	2.62	17.80	1.46	-0.01
	岫岩	40.17	123.17	79.8	2	1.72	16.99	1.77	1.03
	宽甸	40.43	124.47	260.1	4	2.39	11.07	0.91	-0.34
	丹东	40.03	124.2	13.8	4	1.74	16.32	0.94	-0.12
	普兰店	39.38	122.01	118.7	5	2.24	18.60	2.21	-0.23
	长海	39.16	122.35	35.5	4	2.91	19.73	1.24	-0.29
	庄河	39.43	122.57	34.8	2	3.15	16.29	3.24	0.65
	旅顺口	38.49	121.14	66.7	2	2.84	23.44	2.91	0.77
	大连	38.54	121.38	91.5	2	2.10	20.72	2.13	0.91
吉林	白城	45.38	122.5	155.3	3	1.94	19.55	4.31	0.54
	大安	45.3	124.16	137.4	5	1.77	18.13	1.79	-0.04
	乾安	45	124.01	146.3	3	2.56	12.43	9.42	1.07
	前郭尔罗斯	45.05	124.52	136.2	3	2.01	13.51	4.16	0.48
	通榆	44.47	123.04	149.5	3	3.34	13.24	9.09	0.72
	长岭	44.15	123.58	188.9	4	1.74	16.41	0.92	-0.11
	三岔河	44.58	126	196.8	2	2.30	22.99	2.36	0.83
	农安	44.23	125.09	170.2	4	2.72	17.42	1.45	-0.15
	双辽	43.3	123.32	114.9	4	2.34	17.55	1.32	-0.05
	昌图	43.1	124.2	165.7	5	2.01	15.81	1.87	-0.32

表 A.4（续）

省份	站 名	纬度(°)	经度(°)	海拔(m)	概率模型	标准差(m/s)	$\xi(\xi)$	$\alpha(\beta)$	$k(\alpha)$
吉林	长春	43.54	125.13	236.8	5	2.22	22.72	2.10	-0.25
	伊通	43.33	125.38	219.5	4	1.30	19.70	0.73	-0.02
	永吉	43.42	126.31	229.5	1	2.55	12.08	2.56	0.25
	蛟河	43.42	127.2	295	3	2.92	12.04	7.81	0.71
	敦化	43.22	128.12	524.9	4	2.05	18.72	1.07	-0.11
	延吉	43.18	129.47	244.8	4	2.24	14.55	1.13	-0.13
	西丰	42.55	125.05	252.9	2	2.53	17.59	2.58	1.03
	辉南	42.58	126.03	336.7	2	2.21	15.67	2.28	1.35
	梅河口	42.32	125.38	340.5	4	1.18	19.08	0.61	-0.15
	桦甸	42.59	126.45	263.3	1	2.04	14.27	2.27	0.60
	靖宇	42.21	126.49	549.2	2	2.29	13.17	2.32	1.15
	抚松	42.06	127.34	774.2	4	2.38	13.16	1.08	-0.27
	安图	42.25	128.15	591.4	4	2.42	18.60	1.24	-0.15
	和龙	42.32	129	475.6	5	1.52	15.76	1.47	-0.26
	龙井	42.52	129.3	257.3	4	1.60	17.11	0.88	-0.07
	通化	41.41	125.54	402.9	1	1.27	16.43	1.24	0.21
	临江	41.48	126.55	332.7	4	1.69	10.52	0.88	-0.16
	集安	41.06	126.09	177.7	4	1.40	18.20	0.75	-0.12
	长白	41.25	128.11	775	1	1.67	19.92	1.65	0.22
黑龙江	漠河	52.58	122.31	433	2	1.62	13.32	1.66	0.92
	塔河	52.21	124.43	361.9	5	1.42	13.54	1.39	-0.08
	呼中	52.03	123.4	521.5	3	1.62	9.53	6.21	1.12
	新林	51.4	124.24	501.5	4	2.41	12.46	1.10	-0.23
	呼玛	51.43	126.39	177.4	4	2.64	12.99	1.27	-0.18
	大兴安岭	50.24	124.07	371.7	4	1.81	15.38	0.92	-0.19
	黑河	50.15	127.27	166.4	4	2.53	17.44	1.13	-0.25
	嫩江	49.1	125.14	242.2	1	2.27	20.62	2.25	0.23
	孙吴	49.26	127.21	234.5	3	3.20	10.34	11.77	1.07
	北安	48.17	126.31	278.4	4	2.08	14.27	1.14	0.09
	克山	48.03	125.53	236	4	2.13	18.35	1.04	-0.13
	红星	48.34	129.26	404.5	1	2.01	13.74	1.99	0.23
	龙江	47.21	123.1	189.2	1	2.41	15.23	2.34	0.20
	富裕	47.48	124.29	162.7	3	1.33	16.37	4.47	0.96

表 A.4（续）

省份	站 名	纬度(°)	经度(°)	海拔(m)	概率模型	标准差(m/s)	模型系数 ξ(ξ)	模型系数 α(β)	模型系数 k(α)
黑龙江	齐齐哈尔	47.23	123.55	147.1	4	3.42	16.15	1.90	0.00
	海伦	47.26	126.58	239.2	4	2.08	20.13	1.07	-0.18
	明水	47.1	125.54	247.2	1	3.38	15.12	3.33	0.25
	伊春	47.44	128.55	240.9	2	2.62	16.24	2.68	0.77
	大榆树	47.39	132.3	53.6	3	2.72	13.01	4.80	0.34
	富锦	47.14	131.59	66.4	4	3.26	15.67	1.38	-0.31
	泰来	46.24	123.25	149.5	3	2.37	16.38	6.19	0.69
	绥化	46.37	126.58	179.6	3	1.98	21.31	3.78	0.41
	安达	46.23	125.19	149.3	2	1.86	19.65	1.89	0.17
	铁力	46.59	128.01	210.5	5	2.57	14.13	2.56	0.12
	佳木斯	46.49	130.17	81.2	4	2.35	21.41	1.19	0.17
	依兰	46.18	129.35	100.1	1	1.96	21.08	1.85	0.16
	宝清	46.19	132.11	83	1	2.97	16.51	3.00	0.28
	肇源	45.42	125.15	148.7	4	2.71	26.66	1.51	0.02
	哈尔滨	45.45	126.46	142.3	4	2.21	22.82	0.92	-0.29
	双城	45.23	126.18	166.4	1	3.44	15.18	2.16	-0.15
	通河	45.58	128.44	108.6	5	2.80	18.93	2.76	-0.19
	尚志	45.13	127.58	189.7	1	1.47	20.24	1.49	0.28
	林口	45.45	130.33	211.5	4	2.21	17.14	1.24	-0.05
	鸡西	45.18	130.56	280.8	4	3.37	18.64	1.84	-0.10
	虎林	45.46	132.58	100.2	2	1.66	18.44	1.66	-0.21
	牡丹江	44.34	129.36	241.4	4	2.28	19.49	1.21	0.14
	绥芬河	44.23	131.1	567.8	2	1.69	20.18	1.73	1.13
山东	陵县	37.2	116.34	18.6	3	2.97	10.01	7.46	0.65
	惠民	37.29	117.32	11.7	4	1.60	17.24	0.89	-0.05
	泰安	36.41	117.33	121.8	4	2.47	17.37	1.30	-0.12
	垦利	37.36	118.32	8.5	4	2.48	18.29	1.09	-0.20
	龙口	37.56	120.43	39.7	5	2.46	22.70	2.28	-0.39
	招远	37.37	120.19	4.8	3	3.26	9.87	9.44	0.79
	栖霞	37.3	121.15	32.6	3	1.66	16.17	6.71	1.20
	威海	37.28	122.08	65.4	4	2.86	21.64	1.59	-0.04
	荣城	37.24	122.41	47.7	4	3.28	24.71	1.80	-0.07
	济南	36.36	117.03	170.3	1	1.86	16.42	1.82	0.21

表 A.4（续）

省份	站 名	纬度(°)	经度(°)	海拔(m)	概率模型	标准差(m/s)	ξ (ξ)	α (β)	k (α)
山东	泰山	36.15	117.06	1 533.7	1	2.86	29.89	2.77	0.22
	沂源	36.11	118.09	305.1	1	2.12	12.11	1.96	0.13
	昌邑	36.46	119.57	48.6	4	2.42	16.51	1.21	-0.16
	潍坊	36.45	119.11	22.2	3	2.28	12.48	4.73	0.47
	青岛	36.04	120.2	76	3	3.97	14.08	8.43	0.50
	海阳	36.46	121.11	40.9	5	2.14	19.83	1.93	-0.43
	定陶	35.06	115.33	50.5	1	1.39	14.29	1.50	0.41
	兖州	35.34	116.51	51.7	4	1.90	18.08	1.05	-0.07
	费县	35.15	117.57	121.2	5	1.80	17.45	1.73	-0.28
	莒县	35.35	118.5	107.4	4	2.93	13.16	1.52	-0.09
	日照	35.26	119.32	36.9	1	1.93	13.92	1.79	0.16
江苏	邳州	34.24	118.01	25.7	1	1.78	13.41	1.39	-0.02
	徐州	34.17	117.09	41.2	1	1.40	14.42	1.28	0.17
	新沂	34.36	118.19	36.2	4	2.57	12.87	1.30	-0.19
	宿迁	34.05	118.47	10.4	5	1.83	12.39	1.85	-0.09
	赣榆	34.5	119.07	3.3	4	2.88	13.92	1.54	-0.13
	连云港	34.15	119.14	4.8	1	2.26	12.10	2.12	0.16
	泗洪	33.29	118.13	16.9	3	1.97	8.81	3.69	0.39
	盱眙	32.59	118.31	40.8	2	1.95	16.35	1.97	0.87
	流均	33.48	119.51	4.8	4	2.08	13.06	1.14	-0.10
	射阳	33.46	120.15	2	1	1.85	17.22	1.70	0.13
	盐城	33.12	120.29	3.1	2	1.84	16.51	1.90	1.05
	南京	32	118.48	7.1	5	3.08	14.69	3.04	-0.14
	高邮	32.48	119.27	5.4	5	2.42	12.52	2.41	-0.12
	东台	32.52	120.19	4.3	5	2.84	14.32	2.83	-0.10
	镇江	32.11	119.28	27.3	5	1.06	17.19	1.07	-0.05
	泰州	32.22	120.34	6.4	4	2.00	12.03	1.08	-0.13
	南通	31.59	120.53	6.1	2	3.34	14.08	3.33	1.50
	吕泗	32.04	121.36	5.5	1	2.82	14.50	2.89	0.29
	常州	31.53	119.59	4.4	3	2.14	14.82	3.60	0.31
	溧阳	31.26	119.29	7.7	4	2.83	12.01	1.47	-0.15
	无锡	31.37	120.21	3.2	4	1.84	11.82	0.85	-0.18
	昆山	31.24	121	3.2	4	1.32	16.04	0.73	-0.06

表 A.4（续）

省份	站 名	纬度(°)	经度(°)	海拔(m)	概率模型	标准差(m/s)	模型系数 ξ (ξ)	模型系数 α (β)	模型系数 k (α)
江苏	吴县东山	31.04	120.26	17.5	3	2.24	15.30	4.39	0.44
浙江	临安	30.13	119.42	117.6	4	2.31	13.84	1.28	-0.09
	德清县	30.52	120.03	7.4	4	2.21	14.04	1.17	-0.15
	杭州	30.14	120.1	41.7	4	2.78	12.69	1.48	-0.13
	平湖	30.37	121.05	5.4	4	2.25	17.34	1.19	-0.13
	慈溪	30.12	121.16	4.5	1	3.07	12.01	2.95	0.22
	嵊泗	30.44	122.27	79.6	2	5.75	25.78	5.96	1.74
	定海	30.02	122.06	35.7	2	3.29	15.32	3.39	0.99
	淳安	29.37	119.01	171.4	1	2.34	11.98	2.16	0.15
	金华	29.07	119.39	62.6	1	1.89	16.67	1.60	0.06
	绍兴	30.03	120.49	6.4	4	3.14	13.59	1.71	-0.14
	嵊县	29.36	120.49	104.3	2	3.23	16.35	3.28	0.30
	义乌	29.2	120.05	90	3	2.16	8.49	5.58	0.68
	鄞县	29.52	121.34	4.8	2	3.04	11.65	3.11	0.62
	石浦	29.12	121.57	128.4	3	6.90	15.03	14.36	0.47
	衢州	29	118.54	82.4	3	2.55	12.04	6.60	0.68
	丽水	28.27	119.55	59.7	5	2.91	11.93	2.88	-0.20
	永嘉	28.52	120.43	83	3	2.60	9.36	5.93	0.55
	温岭	28.37	121.25	4.6	3	4.35	8.54	9.48	0.52
	大陈岛	28.27	121.54	86.2	3	7.00	19.21	11.61	0.29
	玉环	28.05	121.16	95.9	2	5.91	23.26	6.08	1.01
	龙泉	28.07	119.33	163	3	1.97	9.01	4.13	0.48
	苍南	27.47	120.39	39.7	5	4.09	13.64	3.37	-0.58
	洞头县大樨山	27.5	121.09	68.6	1	5.72	16.80	3.82	-0.13
安徽	砀山	34.26	116.2	44.2	3	1.86	10.23	2.19	0.06
	亳州	33.52	115.46	37.7	4	2.64	11.57	1.41	-0.12
	涡阳	33.58	116.27	32.5	1	2.78	11.96	3.04	0.49
	利辛	33.16	116.31	26	4	2.06	12.15	1.09	-0.14
	宿县	33.38	116.59	25.9	3	2.77	6.75	6.56	0.60
	灵璧	33.56	117.57	23.8	1	1.40	12.40	1.14	0.01
	阜阳	32.52	115.44	32.7	4	2.41	15.77	0.91	-0.37
	寿县	32.33	116.47	22.7	5	2.42	14.25	2.40	-0.17
	蚌埠	32.55	117.23	21.9	2	1.86	15.87	1.89	0.89

表 A.4（续）

省份	站　名	纬度 (°)	经度 (°)	海拔 (m)	概率模型	标准差 (m/s)	模 型 系 数 ξ (ξ)	α (β)	k (α)
安徽	长丰	32.32	117.4	69.6	5	2.60	14.64	2.55	-0.23
	滁州	32.18	118.18	27.5	4	2.25	13.18	1.01	-0.27
	六安	31.45	116.3	60.5	5	1.82	9.75	1.68	-0.39
	霍山	31.24	116.19	86.4	3	1.69	8.54	4.96	0.80
	桐城	31.04	116.57	85.4	4	2.76	21.88	1.38	-0.19
	合肥	31.47	117.18	27	1	2.90	12.95	2.65	0.13
	巢湖	31.37	117.52	22.4	4	1.98	12.06	0.96	-0.21
	芜湖	31.42	118.34	80	4	2.11	15.83	1.00	-0.20
	繁昌	31.09	118.35	21.1	1	2.58	12.22	2.14	0.04
	太湖	30.27	116.18	71	3	2.98	9.72	8.25	0.74
	东至	30.06	117.01	17.6	4	1.42	13.24	0.78	-0.08
	安庆	30.32	117.03	19.8	5	2.72	13.05	2.71	-0.14
	池州	30.59	117.51	11	4	3.06	12.43	1.51	-0.19
	宁国	30.37	118.59	89.4	3	2.14	13.12	6.20	0.79
	黄山	30.08	118.09	1 840.4	3	2.60	18.20	4.26	0.28
	浮梁	29.51	117.43	142	2	1.51	10.05	1.55	0.58
	休宁	29.43	118.17	142.7	2	3.03	12.35	3.11	0.70
江西	修水	29.02	114.35	146.8	5	2.19	11.48	1.91	-0.45
	万载	28.24	114.47	91.7	4	2.07	10.93	1.07	-0.19
	宜春	27.48	114.23	131.3	4	1.98	13.69	1.04	-0.17
	吉安	27.03	114.55	71.2	4	1.89	13.37	1.03	0.09
	井冈山	26.35	114.1	843	4	3.22	11.03	1.81	-0.06
	遂川	26.2	114.3	126.1	2	1.76	14.98	1.79	0.92
	赣州	25.52	115	137.5	4	1.59	11.34	0.79	-0.20
	九江	29.51	115.12	45.8	4	1.70	18.13	0.95	-0.09
	庐山	29.35	115.59	1 164.5	3	1.97	22.25	2.87	0.20
	武宁	29.15	115.07	116	3	1.79	12.13	4.89	0.73
	波阳	29	116.41	40.1	4	2.35	15.28	1.22	-0.18
	景德镇	29.18	117.12	61.5	3	2.77	7.51	6.86	0.64
	高安	28.52	115.22	78.9	4	2.67	9.84	1.20	-0.27
	南昌	28.36	115.55	46.9	3	3.94	6.92	11.51	0.81
	樟树	28.04	115.33	30.4	4	1.35	14.70	0.76	0.01
	弋阳	28.57	117.35	88.5	4	2.47	12.89	1.35	-0.12

表 A.4（续）

省份	站 名	纬度（°）	经度（°）	海拔（m）	概率模型	标准差（m/s）	模型系数 $\xi(\xi)$	模型系数 $\alpha(\beta)$	模型系数 $k(\alpha)$
江西	贵溪	28.18	117.13	51.2	4	1.81	13.29	0.91	-0.20
	玉山	28.41	118.15	116.3	1	1.94	10.81	1.85	0.17
	铅山	28.27	117.59	118.2	1	2.09	14.14	1.58	-0.04
	吉水	27.2	115.25	85.7	1	2.16	13.96	2.38	0.49
	宜黄	27.35	116.39	80.8	4	1.67	16.61	0.86	-0.17
	南丰	27.13	116.32	111.5	4	2.11	11.30	0.69	-0.37
	宁都	26.29	116.01	209.1	2	0.97	13.96	0.99	0.85
	广昌	26.51	116.2	143.8	5	1.64	12.06	1.63	-0.15
	石城	26.14	116.38	358.9	2	1.77	13.41	1.80	0.61
	全南	24.55	114.49	206.3	4	1.39	12.62	0.74	-0.13
	寻乌	24.57	115.39	303.9	5	1.89	9.94	1.72	0.33
福建	邵武	27.2	117.28	218	1	2.35	13.24	2.58	0.49
	武夷山	27.46	118.02	222.1	5	0.93	13.43	0.94	-0.10
	浦城	27.55	118.32	276.9	1	2.48	13.22	2.51	0.31
	建阳	27.2	118.07	196.9	4	2.20	16.72	1.15	-0.15
	建瓯	27.03	118.19	154.9	3	2.36	11.25	4.97	0.49
	周宁	27.27	119.25	815.9	3	2.00	10.39	5.61	0.76
	福鼎	27.2	120.12	36.2	1	4.61	10.39	2.17	-0.33
	泰宁	26.54	117.1	342.9	4	1.91	13.76	0.97	-0.18
	南平	26.39	118.1	125.6	4	1.61	9.82	0.88	-0.10
	尤溪	26.1	118.09	137.2	5	2.23	10.62	1.84	-0.57
	霞浦	26.53	120.01	56.8	3	4.22	8.33	11.40	0.73
	宁德	26.4	119.31	32.4	5	2.45	9.35	2.43	-0.18
	福州	26.05	119.17	84	3	3.31	12.18	6.40	0.42
	长汀	25.51	116.22	310	4	2.24	11.38	1.20	-0.14
	上杭	25.03	116.25	198	3	1.76	7.22	7.02	1.17
	永安	25.58	117.21	206	3	2.55	9.69	4.77	0.38
	漳平	25.18	117.25	205.3	4	1.84	11.65	0.96	-0.10
	龙岩	25.06	117.02	342.3	1	1.40	10.07	1.29	0.15
	德化	25.43	118.06	1 653.5	4	3.19	27.98	1.60	-0.17
	古田	26.55	118.59	869.5	4	2.09	11.83	1.17	-0.06
	南安	25.22	118.42	77.7	3	2.06	11.64	4.14	0.44
	平潭	25.31	119.47	32.4	1	3.02	20.24	3.18	0.38

表 A.4（续）

省份	站　名	纬度(°)	经度(°)	海拔(m)	概率模型	标准差(m/s)	模型系数 ξ(ξ)	α(β)	k(α)
福建	平和	24.3	117.39	28.9	4	2.12	10.01	1.08	-0.20
	崇武	24.54	118.55	21.8	1	4.52	17.81	4.17	0.14
	厦门	24.29	118.04	139.4	1	5.09	15.55	3.72	-0.05
	东山	23.47	117.3	53.3	4	5.66	24.08	2.76	-0.21
陕西	榆林	38.16	109.47	1 157	1	1.94	18.96	2.10	0.43
	榆阳	38.55	110.07	941.1	4	2.30	16.68	1.13	-0.19
	定边	37.35	107.35	1 360.3	2	4.14	17.28	4.12	1.22
	靖边	37.37	108.48	1 336.7	4	2.74	12.09	1.35	-0.17
	吴起	36.55	108.1	1 331.4	1	1.56	12.30	1.33	0.06
	横山	37.56	109.14	1 111	4	2.59	17.68	1.36	-0.15
	绥德	37.3	110.13	929.7	4	2.34	18.57	1.23	-0.11
	延安	36.36	109.3	958.5	4	1.88	10.49	0.87	-0.25
	延安市宝塔区	36.35	110.04	804.8	3	1.67	7.07	4.53	0.73
	宜川	36.06	110.4	851.3	3	1.85	9.44	2.46	0.13
	长武	35.12	107.48	1 206.5	3	1.82	10.16	3.85	0.49
	洛川	35.49	109.3	1 159.8	1	1.86	11.14	1.55	0.03
	临潼	34.57	109.35	499.2	1	3.19	12.48	2.94	0.13
	合阳	35.28	110.27	458.1	2	2.18	13.30	2.21	0.07
	陈仓	34.54	106.5	924.2	1	3.01	12.03	2.97	0.24
	宝鸡	34.31	107.23	781.1	2	2.51	14.02	2.58	0.71
	太白	34.02	107.19	1 543.6	4	1.71	16.99	0.94	0.09
	武功	34.42	108.09	994.6	1	1.50	10.03	1.20	0.00
	周至	34.15	108.13	447.8	1	2.27	13.05	1.67	-0.06
	礼泉	34.56	108.59	710	1	2.15	14.74	2.19	0.30
	华阴市华山镇	34.29	110.05	2 064.9	5	2.35	24.18	2.32	-0.21
	兴平	34.24	108.43	472.8	4	2.64	14.53	1.45	-0.09
	蓝田	34.31	109.44	341.5	4	1.93	12.19	1.05	-0.15
	略阳	33.19	106.09	794.2	4	2.54	12.65	1.29	-0.18
	勉县	33.38	106.56	1 032.1	2	2.20	11.55	2.26	0.76
	汉中	33.04	107.02	509.5	4	2.63	9.50	1.33	-0.15
	洋县	33.31	107.59	827.2	5	1.29	16.60	1.26	-0.20
	柞水	33.4	109.07	818.2	4	3.09	13.15	1.35	-0.27
	商州	33.52	109.58	742.2	1	2.30	14.60	2.09	0.15

表 A.4（续）

省份	站 名	纬度 (°)	经度 (°)	海拔 (m)	概率模型	标准差 (m/s)	ξ (ξ)	α (β)	k (α)
陕西	镇安	33.26	109.09	693.7	2	3.24	14.05	3.29	1.13
	商南	33.32	110.54	523	4	2.20	12.49	1.12	-0.17
	石泉	33.03	108.16	484.9	2	2.63	14.54	2.67	0.15
	镇巴	32.32	107.54	693.9	3	2.35	6.18	4.75	0.45
	安康	32.43	109.02	290.8	2	2.86	16.01	2.95	1.23
甘肃	马鬃山镇	41.48	97.02	1 770.4	2	2.04	19.28	2.15	1.61
	敦煌	40.09	94.41	1 139	3	1.91	10.95	5.35	0.76
	安西	40.32	95.46	1 170.9	1	1.82	24.08	1.65	0.12
	玉门	40.16	97.02	1 526	4	2.16	19.58	1.16	-0.14
	鼎新	40.18	99.31	1 177.4	5	2.46	17.85	2.35	-0.19
	金塔	40	98.54	1 270.5	2	1.92	15.82	1.99	1.27
	酒泉	39.46	98.29	1 477.2	5	1.82	22.45	1.84	-0.06
	高台	39.22	99.5	1 332.2	1	1.93	11.64	1.63	0.05
	张掖	38.56	100.26	1 482.7	4	2.43	17.16	1.16	-0.19
	山丹	38.48	101.05	1 764.6	4	1.48	14.80	0.76	-0.19
	永昌	38.14	101.58	1 976.9	5	1.42	17.73	1.42	0.14
	武威	37.55	102.4	1 531.5	2	2.54	13.84	2.58	0.64
	民勤	38.38	103.05	1 367.5	3	2.99	12.31	10.00	0.95
	乌鞘岭	37.12	102.52	3 045.1	4	2.46	20.98	1.31	-0.14
	景泰	37.11	104.03	1 630.9	4	1.54	20.37	0.84	-0.12
	靖远	36.34	104.41	1 398.2	2	2.27	13.10	2.34	1.16
	榆中	35.52	104.09	1 874.4	1	2.01	12.59	1.54	-0.04
	临夏	35.35	103.11	1 917.2	3	1.68	15.32	3.59	0.50
	康乐	35.21	103.51	1 893.8	4	1.45	11.75	0.81	0.05
	通渭	35.23	105	2 450.6	4	2.48	20.33	1.29	-0.13
	环县	36.35	107.18	1 255.6	1	1.45	11.40	1.22	0.05
	平凉	35.33	106.4	1 346.6	1	1.37	15.59	1.31	0.19
	酒泉市西峰镇	35.44	107.38	1 421	3	2.15	8.74	4.08	0.40
	甘南	34	102.05	3 471.4	1	2.22	14.65	2.12	0.18
	夏河	35	102.54	2 910	2	1.97	14.37	2.00	0.82
	岷县	34.26	104.01	2 315	4	1.65	13.46	0.93	-0.02
	武都	33.24	104.55	1 079.1	5	1.80	14.25	1.81	-0.09
	天水	34.34	105.52	1 085.2	4	1.85	11.26	0.76	-0.35

表 A.4（续）

省份	站 名	纬度 (°)	经度 (°)	海拔 (m)	概率模型	标准差 (m/s)	模型系数 ξ (ξ)	模型系数 α (β)	模型系数 k (α)
宁夏	惠农	39.13	106.46	1 092.5	2	3.68	20.39	3.69	-0.03
	吴忠	38	106.15	1 127.8	4	1.85	14.43	1.00	-0.11
	永宁	38.29	106.13	1 111.4	4	2.46	18.84	1.28	-0.11
	陶乐	38.48	106.42	1 101.6	1	1.36	14.94	1.11	0.01
	中卫	37.32	105.11	1 225.7	1	2.01	14.50	1.84	0.13
	中宁	37.29	105.41	1 183.4	1	1.48	17.35	1.49	0.28
	盐池	37.48	107.23	1 349.3	4	2.43	14.78	1.34	-0.08
	海源	36.34	105.39	1 854.2	4	1.52	19.34	0.84	0.02
	同心	36.58	105.54	1 339.3	1	2.06	14.24	1.97	0.21
	固原	36	106.16	1 753	1	1.30	18.26	1.23	0.18
	西吉	35.58	105.43	1 916.5	4	2.09	14.55	1.03	-0.18
	隆德	35.4	106.12	2 841.2	2	2.20	22.90	2.24	0.70
青海	茫崖	38.15	90.51	2 944.8	1	2.59	20.64	2.69	0.32
	冷湖	38.45	93.2	2 770	4	3.11	22.22	1.56	-0.20
	托勒	38.48	98.25	3 367	2	2.06	22.08	2.10	0.82
	野牛沟	38.25	99.35	3 200	3	2.41	17.67	6.53	0.72
	祁连	38.11	100.15	2 787.4	2	1.89	15.55	1.93	-0.24
	小灶火	36.48	93.41	2 767	1	1.93	17.12	2.09	0.48
	大柴旦	37.51	95.22	3 173.2	2	2.82	15.79	2.86	0.73
	德令哈	37.22	97.22	2 981.5	3	2.27	9.08	3.83	0.31
	刚察	37.2	100.08	3 301.5	4	2.07	19.55	1.03	-0.21
	门源	37.23	101.37	2 850	1	2.19	16.29	2.18	0.25
	格尔木	36.25	94.54	2 807.6	1	2.99	13.76	3.10	0.35
	诺木洪	36.26	96.25	2 790.4	4	2.29	25.14	1.07	-0.15
	乌兰	36.55	98.29	7 950	1	1.17	14.84	1.17	0.28
	都兰	36.18	98.06	3 191.1	4	2.80	13.25	1.29	-0.22
	乌兰县茶卡	36.47	99.05	3 087.6	4	2.22	19.45	1.12	-0.16
	共和	36.16	100.37	2 835	4	1.68	15.92	0.86	-0.14
	西宁	36.43	101.45	2 295.2	4	1.48	19.47	0.82	-0.07
	贵德	36.02	101.26	2 237.1	4	1.02	16.82	0.57	0.00
	民和	36.19	102.51	1 813.9	1	1.91	10.70	1.54	0.02
	五道梁	35.13	93.05	4 612.2	4	2.28	25.47	1.26	-0.01
	兴海	35.35	99.59	3 323.2	4	2.91	19.19	1.63	-0.04

表 A.4（续）

省份	站 名	纬度(°)	经度(°)	海拔(m)	概率模型	标准差(m/s)	模型系数 $\xi(\xi)$	模型系数 $\alpha(\beta)$	模型系数 $k(\alpha)$
青海	贵南	35.35	100.45	3 120	4	1.60	17.82	0.83	-0.12
	同仁	35.31	102.01	2 491.4	4	2.56	12.50	1.43	-0.05
	托托河	34.13	92.26	4 533.1	5	2.61	26.01	2.64	-0.03
	杂多	32.54	95.18	4 066.4	1	1.61	22.38	1.58	0.23
	曲麻莱	34.08	95.47	4 175	1	1.83	22.56	1.81	0.25
	玉树	33.01	97.01	3 681.2	5	2.79	14.45	2.25	-0.57
	玛多	34.55	98.13	4 272.3	2	3.09	18.80	3.15	1.51
	清水河	33.48	97.08	4 415.4	4	1.61	19.62	0.89	-0.08
	果洛	34.28	100.15	3 719	4	2.51	18.08	1.41	0.06
	达日	33.45	99.39	3 967.5	1	2.77	17.41	2.61	0.20
	河南	34.44	101.36	3 500	4	2.98	18.87	1.39	-0.23
	久治	33.26	101.29	3 628.5	5	1.52	17.50	1.50	-0.20
	囊谦	32.12	96.29	3 643.7	1	1.38	12.66	1.40	0.29
	班玛	32.56	100.45	3 750	3	2.60	10.00	4.99	0.44
新疆	哈巴河	48.03	86.24	532.6	4	1.99	20.99	1.09	0.03
	吉木乃	47.26	85.52	984.1	3	3.28	13.12	9.45	0.79
	喀尔交	47.42	86.51	473.9	4	1.68	12.52	0.91	-0.15
	福海	47.07	87.28	500.9	3	1.91	15.28	7.05	1.07
	阿勒泰	47.44	88.05	735.3	1	2.30	18.07	1.48	-0.15
	富蕴	46.59	89.31	807.5	1	1.70	18.93	1.85	0.44
	塔城	46.44	83	534.9	1	2.76	14.79	2.65	0.20
	青河	46.4	90.23	1 218.2	4	1.69	10.90	0.72	-0.30
	阿拉山口	45.11	82.34	336.1	4	3.47	31.61	1.57	-0.24
	塔秀	45	81.57	531.9	4	2.34	15.60	1.08	-0.25
	克拉玛依	45.37	84.51	449.5	4	3.24	24.93	1.70	-0.14
	温泉	44.58	81.01	1 357.8	2	3.16	17.49	3.26	1.09
	精河	44.37	82.54	320.1	1	2.10	15.13	2.27	0.41
	乌苏	44.26	84.4	478.7	3	1.37	9.46	2.15	0.25
	沙湾	44.17	85.49	468.5	2	1.99	12.32	2.16	2.09
	呼图壁	44.07	86.49	522.1	4	3.14	14.01	1.67	-0.11
	奇台	44.01	89.34	793.5	3	3.57	11.69	8.04	0.54
	伊宁	43.57	81.2	662.5	4	1.49	17.27	0.81	-0.10
	巩留	43.48	82.31	1 105.3	3	1.72	10.16	2.84	0.29

表 A.4（续）

省份	站 名	纬度(°)	经度(°)	海拔(m)	概率模型	标准差(m/s)	ξ (ξ)	α (β)	k (α)
新疆	昭苏	43.09	81.08	1 851	1	2.25	18.29	1.72	-0.04
	乌鲁木齐	43.47	87.39	935	4	3.32	19.49	1.81	-0.08
	萨尔托斯	43.17	87.07	2 350.4	3	3.29	7.67	0.80	-0.59
	达坂城	43.21	88.19	1 103.5	4	2.54	24.47	1.17	-0.26
	库米什	42.14	88.13	922.4	4	1.42	14.56	0.73	-0.17
	巴音布鲁克	43.02	84.09	2 458	2	2.04	19.08	2.06	1.10
	吐鲁番	42.56	89.12	34.5	4	2.37	20.55	1.29	-0.11
	鄯善	42.53	90.17	420	4	1.87	14.40	1.02	-0.13
	阿克苏	41.1	80.14	1 103.8	1	2.88	13.15	1.95	-0.11
	库车	41.43	82.58	1 081.9	5	3.50	12.78	2.53	-0.73
	尉犁	41.26	86.03	884.9	3	3.19	10.27	8.79	0.73
	库尔勒	41.45	86.08	931.5	3	3.89	8.26	15.77	1.19
	喀什市	39.43	76.09	1 298.7	4	3.29	15.22	1.73	-0.16
	乌恰	39.43	75.15	2 175.7	3	2.49	14.18	5.76	0.57
	喀什疏附县	39.28	75.59	1 289.4	5	2.88	18.19	2.78	-0.25
	阿合奇	40.56	78.27	1 984.9	4	1.62	18.73	0.91	0.06
	巴楚	39.48	78.34	1 116.5	5	1.77	14.40	1.70	-0.31
	若羌	39.02	88.1	887.7	3	4.13	10.80	7.09	0.32
	塔什库尔干	37.46	75.14	3 090.1	3	3.54	10.94	11.52	0.93
	莎车	38.55	77.38	1 178.2	4	3.31	10.99	1.73	-0.18
	阿尔斯兰巴格	38.26	77.16	1 231.2	4	1.48	10.60	0.78	0.08
	皮山	37.37	78.17	1 375.4	4	1.66	16.22	0.89	0.06
	和田	37.08	79.56	1 375	3	2.52	8.55	5.25	0.48
	民丰	37.04	82.43	1 409.5	4	2.19	12.24	1.03	-0.25
	于田	36.51	81.39	1 422	4	1.53	13.53	0.87	0.04
	哈密	42.49	93.31	737.2	3	3.48	8.83	7.13	0.46
河南	安阳	36.03	114.24	62.9	5	3.14	12.46	2.71	-0.51
	新乡	35.19	113.53	73.2	1	1.26	16.40	1.21	0.20
	三门峡	34.48	111.12	409.9	3	2.35	8.27	5.50	0.58
	卢氏	34.03	111.02	568.8	2	2.09	9.61	2.13	0.93
	宜阳	34.49	112.26	333.3	4	1.79	19.84	0.92	-0.15
	栾川	33.47	111.36	750.3	3	1.57	7.00	3.49	0.53
	郑州	34.43	113.39	110.4	4	1.45	19.46	0.80	-0.04

表 A.4（续）

省份	站 名	纬度 (°)	经度 (°)	海拔 (m)	概率模型	标准差 (m/s)	模型系数 $\xi(\xi)$	模型系数 $\alpha(\beta)$	模型系数 $k(\alpha)$
河南	登封	34.3	113.03	1 178.4	5	4.28	26.26	3.45	-0.62
	许昌	34.02	113.52	66.8	4	2.14	12.86	1.14	0.05
	开封	34.47	114.18	73.7	1	2.53	12.97	2.31	0.12
	西峡	33.18	111.3	250.3	4	1.62	16.15	0.91	-0.06
	南阳	33.02	112.35	129.2	3	2.10	8.26	5.86	0.75
	宝丰	33.53	113.03	136.4	3	2.82	11.69	7.22	0.67
	西华	33.47	114.31	52.6	3	4.20	6.93	5.82	0.17
	桐柏	32.23	113.25	153	3	2.58	7.36	9.08	1.01
	驻马店	33	114.01	82.7	4	2.55	19.31	1.29	0.19
	信阳	32.08	114.03	114.5	4	2.37	14.77	1.29	-0.11
	商丘	34.27	115.4	50.1	2	2.19	11.45	2.25	0.74
	濮阳	36.14	115.4	37.8	1	1.80	17.10	1.90	0.36
	固始	32.1	115.37	42.9	2	3.14	12.52	3.27	1.37
湖北	郧西	33	110.25	249.1	4	1.97	10.14	1.09	-0.07
	竹山	32.39	110.47	286.5	1	1.86	8.85	1.97	0.38
	房县	32.02	110.46	426.9	4	2.61	9.72	1.20	-0.27
	老河口	32.23	111.4	90	5	2.16	11.22	2.00	-0.36
	襄阳	32.02	112.1	68.6	4	2.06	17.29	1.10	-0.10
	枣阳	32.09	112.45	125.5	4	2.55	15.22	1.27	-0.18
	巴东	31.02	110.22	334	4	2.04	15.23	1.13	0.01
	长阳	30.5	110.58	295.5	4	2.64	10.70	1.36	-0.20
	溪丘湾	31.21	110.44	336.8	4	3.11	12.67	1.73	0.07
	南漳	31.48	111.5	151	2	1.99	9.23	2.04	0.78
	钟祥	31.1	112.34	65.8	5	1.42	16.09	1.39	-0.25
	随州	31.37	113.2	116.3	1	2.83	11.25	2.14	-0.04
	孝昌	31.34	114.07	74.9	4	2.49	16.43	0.93	-0.31
	麻城	31.11	115.01	59.3	4	1.54	18.84	0.84	-0.12
	利川	30.17	108.56	1 074.1	4	1.51	8.19	0.85	-0.04
	屯堡	30.36	109.43	609.2	4	2.16	11.69	1.16	-0.14
	恩施	30.17	109.28	457.1	2	2.44	9.40	2.54	1.41
	五峰	30.12	110.4	619.9	5	1.31	9.58	1.19	-0.39
	宜昌	30.42	111.18	133.1	4	1.71	17.03	0.95	-0.08
	荆州	30.21	112.09	32.2	4	1.77	11.38	0.97	-0.06

表 A.4（续）

省份	站 名	纬度(°)	经度(°)	海拔(m)	概率模型	标准差(m/s)	模型系数 ξ(ξ)	模型系数 α(β)	模型系数 k(α)
湖北	汉川	30.54	113.57	25.5	4	1.56	11.40	0.79	-0.15
	天门	30.4	113.08	31.9	5	1.15	14.69	1.17	-0.09
	江夏	30.21	114.2	73.5	3	3.27	8.07	5.99	0.37
	武汉	30.37	114.08	23.1	3	1.64	17.36	3.16	0.41
	来凤	29.31	109.25	459.5	4	3.16	9.77	1.68	-0.14
	华容	29.5	112.54	30	1	1.23	14.44	1.26	0.29
	云溪	29.49	113.27	27.4	3	2.05	13.37	3.16	0.24
	嘉鱼	29.59	113.55	36	4	1.93	19.83	1.02	-0.15
	咸宁	29.36	114.3	76.1	4	2.15	8.81	0.92	-0.26
	英山	30.44	115.4	123.8	3	2.34	7.81	6.72	0.79
	黄石	30.14	115.02	32.2	4	1.85	17.94	1.02	-0.09
湖南	桑植	29.24	110.1	322.2	5	2.44	13.17	2.40	-0.21
	石门	29.35	111.22	116.9	1	2.42	12.45	2.45	0.27
	南县	29.22	112.24	36	2	3.20	11.77	3.29	1.62
	岳阳	29.23	113.05	53	3	3.03	9.81	6.76	0.54
	花垣	28.42	109.38	325.3	3	2.25	8.86	4.56	0.46
	吉首	28.19	109.44	208.4	3	1.25	11.37	4.74	1.10
	沅陵	28.28	110.24	151.6	2	1.54	13.17	1.57	0.58
	常德	29.03	111.41	35	4	2.16	18.15	1.16	0.01
	安化	28.23	111.13	128.3	5	1.77	10.81	1.71	-0.26
	沅江	28.51	112.22	37	4	1.69	20.08	0.92	-0.07
	益阳	28.41	112.53	53.2	4	1.43	18.10	0.74	0.15
	长沙	28.12	113.05	44.9	1	2.27	14.42	1.77	-0.02
	平江	28.43	113.34	106.3	1	1.95	11.29	1.83	0.16
	宁乡	28.13	112.55	68	4	1.59	15.37	0.84	-0.13
	芷江	27.27	109.41	272.2	2	2.59	12.15	2.65	1.06
	怀化	27.55	110.36	204	1	2.68	10.55	2.04	-0.05
	洞口	27.04	110.35	323.5	4	2.78	11.49	1.49	-0.11
	新邵	27.45	111.18	211.9	3	3.01	9.32	3.88	0.12
	邵阳市	27.14	111.28	248.6	3	2.59	7.90	5.22	0.46
	双峰	27.27	112.1	100	3	2.85	7.56	9.29	0.92
	南岳	27.18	112.42	1 265.9	1	3.74	24.53	3.56	0.18
	攸县	27	113.21	102.5	2	2.72	10.66	2.75	1.82

表 A.4（续）

省份	站 名	纬度 (°)	经度 (°)	海拔 (m)	概率模型	标准差 (m/s)	模 型 系 数		
							ξ (ξ)	α (β)	k (α)
湖南	株洲	27.52	113.1	74.6	1	1.52	19.25	1.42	0.16
	莲花	27.08	113.57	194.5	1	2.25	12.69	2.50	0.53
	靖州	26.34	109.4	320.3	5	2.25	12.97	2.16	-0.27
	通道	26.1	109.47	397.5	4	1.54	11.68	0.83	-0.06
	武冈	26.44	110.38	341	4	1.85	14.43	0.88	-0.21
	城步	26.22	110.19	477.7	5	1.78	14.41	1.58	-0.46
	邵阳县	27	111.17	283.3	4	2.41	13.83	1.09	-0.20
	零陵	26.14	111.37	172.6	3	3.85	10.46	9.93	0.67
	衡阳	26.54	112.36	104.9	4	2.02	17.11	1.01	0.03
	常宁	26.25	112.24	116.6	2	2.49	13.49	2.55	0.85
	资兴	26.05	113.57	839.5	2	2.23	10.15	2.30	0.69
	道县	25.32	111.36	192.2	3	2.28	9.29	5.98	0.69
	郴州	25.48	113.02	184.9	1	2.24	8.89	1.98	0.14
	蓝山	25.35	112.22	214.5	3	2.33	9.53	3.79	0.29
广东	南雄	25.08	114.19	133.8	1	2.20	10.13	2.08	0.16
	连县	24.47	112.23	98.3	4	1.76	11.44	0.79	-0.26
	韶关	24.41	113.36	61	4	1.56	11.30	0.85	-0.12
	佛冈	23.52	113.32	68.6	3	1.95	7.65	4.12	0.49
	英德	24.11	113.25	74.5	1	1.58	14.83	1.36	0.06
	连平	24.22	114.29	214.8	3	2.42	5.92	6.02	0.64
	新丰	24.03	114.12	198.6	4	2.37	11.09	1.34	0.07
	龙川	24.06	115.15	99.2	4	1.59	11.06	0.87	-0.08
	大埔	24.44	116.43	226.9	1	2.97	11.68	2.22	-0.06
	丰顺	24.2	116.42	81	2	1.97	11.27	2.00	0.61
	梅县	24.16	116.06	87.8	2	1.71	11.88	1.75	0.80
	广宁	23.38	112.26	57.3	2	1.79	10.90	1.83	0.66
	高要	23.02	112.27	41	1	3.13	11.73	1.74	-0.24
	花都	23.43	113.05	79.2	2	2.25	14.54	2.29	0.18
	广州	23.1	113.2	41	2	2.79	13.87	4.32	0.25
	中山	22.58	113.44	56	5	2.67	10.92	2.43	-0.39
	河源	23.48	114.44	70.8	4	1.66	13.41	0.83	-0.18
	增城	23.2	113.5	38.9	4	1.85	14.65	0.99	0.06
	惠州	23.05	114.25	22.4	5	4.29	12.21	3.85	-0.42

表 A.4（续）

省份	站　名	纬度(°)	经度(°)	海拔(m)	概率模型	标准差(m/s)	$\xi(\xi)$	$\alpha(\beta)$	$k(\alpha)$
广东	五华	23.56	115.46	120.9	1	2.05	10.78	1.95	0.19
	紫金	23.38	115.11	176.8	1	1.64	11.76	1.73	0.35
	陆河	23.27	115.51	80.8	5	4.11	13.09	3.81	-0.37
	揭阳	23.46	116.11	45.3	1	2.39	11.63	1.64	-0.11
	汕头	23.24	116.41	2.9	5	4.61	17.34	3.89	-0.50
	惠来	23.02	116.18	14.4	3	5.38	8.06	9.11	0.31
	南澳	23.26	117.02	7.2	4	3.96	18.12	2.00	-0.21
	信宜	22.21	110.56	84.6	5	1.97	15.42	1.99	-0.11
	罗定	22.46	111.34	53.3	1	1.56	16.26	1.50	0.20
	台山	22.15	112.47	32.7	4	2.95	18.55	1.40	-0.26
	斗门	22.3	113.24	33.7	4	3.22	18.40	1.74	-0.12
	金湾	22.17	113.34	51.5	3	5.27	10.85	12.25	0.57
	深圳	22.32	114	63	5	3.67	12.56	3.31	-0.38
	汕尾	22.48	115.22	17.3	4	6.57	15.67	2.98	-0.26
	湛江	21.09	110.18	53.3	1	4.43	17.17	4.05	0.12
	阳江	21.5	111.58	89.9	5	5.90	16.90	5.60	-0.33
	电白	21.3	111	11.8	1	5.37	13.80	4.38	0.02
	上川岛	21.44	112.46	21.5	3	4.94	19.76	10.15	0.47
	徐闻	20.2	110.11	55.9	3	5.65	8.64	8.75	0.25
广西	桂林	25.19	110.18	164.4	3	1.60	12.41	2.94	0.37
	凤山	24.33	107.02	484.6	4	2.13	8.03	0.82	-0.35
	都安	23.56	108.06	170.8	4	2.26	13.88	1.10	-0.19
	柳州	24.21	109.24	96.8	5	1.20	9.71	1.19	-0.17
	蒙山	24.12	110.31	145.7	4	1.11	10.71	0.61	-0.13
	贺山	24.25	111.32	108.8	1	3.34	9.84	3.55	0.40
	百色	23.54	106.36	173.5	2	1.95	10.74	1.97	1.49
	靖西	23.08	106.25	739.9	4	1.64	10.02	0.80	-0.21
	平果	23.19	107.35	108.8	4	1.23	10.58	0.60	-0.18
	来宾	23.45	109.14	84.9	4	1.75	14.33	0.97	-0.05
	桂平	23.24	110.05	42.5	3	1.61	6.53	3.15	0.43
	梧州	23.29	111.18	114.8	3	1.98	7.93	6.07	0.86
	龙州	22.2	106.51	128.8	3	2.03	8.28	3.83	0.39
	南宁	22.38	108.13	121.6	4	2.50	10.58	1.38	-0.09

表 A.4（续）

省份	站　名	纬度 (°)	经度 (°)	海拔 (m)	概率模型	标准差 (m/s)	模型系数 ξ (ξ)	模型系数 α (β)	模型系数 k (α)
广西	灵山	22.25	109.18	66.6	4	2.35	11.00	0.95	-0.31
	玉林	22.39	110.1	81.8	5	2.46	12.57	2.14	-0.49
	东兴	21.32	107.58	22.1	3	5.90	7.78	8.53	0.19
	防城	21.47	108.21	32.4	5	4.24	14.39	3.41	-0.58
	北海	21.27	109.08	12.8	3	5.08	10.75	5.86	0.05
	涠洲岛	21.02	109.06	55.2	4	6.54	23.24	3.46	-0.15
海南	海口	20	110.15	63.5	3	4.85	8.51	10.33	0.50
	东方	19.06	108.37	7.6	1	4.98	19.26	4.84	0.20
	儋县	19.31	109.35	169	5	3.04	16.05	3.07	-0.05
	琼中	19.02	109.5	250.9	1	3.33	14.20	2.59	0.00
	琼海	19.14	110.28	24	3	3.64	17.61	10.81	0.82
	三亚	18.14	109.31	6	5	7.64	16.58	7.39	-0.25
	陵水	18.3	110.02	13.9	2	6.09	22.74	6.20	-0.15
	西沙	16.5	112.2	4.7	3	8.19	12.88	16.45	0.45
四川	石渠	32.59	98.06	4 200	5	2.17	20.04	2.16	-0.12
	若尔盖	33.35	102.58	3 439.6	4	1.40	18.51	0.76	-0.02
	德格	31.48	98.35	3 184	4	2.48	17.37	1.31	-0.14
	甘孜	31.37	100	3 393.5	1	3.29	20.28	3.26	0.24
	色达	32.17	100.2	3 893.9	4	2.35	20.33	1.14	-0.22
	道孚	30.59	101.07	2 957.2	1	1.39	18.10	1.15	0.03
	马尔康	31.54	102.14	2 664.4	4	2.54	14.33	1.17	-0.29
	红原	32.48	102.33	3 491.6	3	2.52	16.16	5.80	0.56
	小金	31	102.21	2 369.2	4	2.29	15.62	1.04	-0.21
	松潘	32.39	103.34	2 850.7	2	2.00	9.86	2.06	1.38
	成都	30.42	103.5	539.3	4	1.71	9.51	0.88	-0.17
	都江堰	31	103.4	698.5	4	2.70	10.86	1.41	-0.12
	绵阳	31.27	104.44	522.7	4	1.46	12.88	0.79	-0.12
	巴塘	30	99.06	2 589.2	4	2.05	13.54	0.84	-0.32
	新龙	30.56	100.19	3 000	4	1.98	20.50	1.00	-0.19
	理塘	30	100.16	3 948.9	3	1.90	8.95	4.00	0.48
	雅安	29.59	103	627.6	4	1.63	12.62	0.86	-0.16
	稻城	29.03	100.18	3 727.7	4	0.82	14.39	0.42	0.16
	康定	30.03	101.58	2 615.7	1	1.83	15.94	1.87	0.29

表 A.4（续）

省份	站 名	纬度(°)	经度(°)	海拔(m)	概率模型	标准差(m/s)	模型系数 ξ(ξ)	模型系数 α(β)	模型系数 k(α)
四川	乐山	29.34	103.45	424.2	2	2.68	10.36	2.74	0.87
	九龙	29	101.3	2 987.3	2	1.54	16.63	1.57	0.75
	越西	28.39	102.31	1 659.5	3	1.19	12.43	3.17	0.71
	昭觉	28	102.51	2 132.4	1	1.41	14.95	1.41	0.26
	雷波	28.16	103.35	1 255.8	4	2.46	14.78	1.15	-0.17
	宜宾	28.48	104.36	340.8	3	1.55	11.14	4.36	0.75
	盐源	27.26	101.31	2 545	4	1.38	21.24	0.77	0.04
	西昌	27.54	102.16	1 590.9	4	2.45	15.53	1.32	0.08
	攀枝花	26.35	101.43	1 190.1	5	2.03	12.08	1.98	-0.24
	会理	26.39	102.15	1 787.3	1	2.21	11.33	2.18	0.22
	广元	32.26	105.51	513.8	1	1.96	9.83	1.91	0.22
	宁强	32.5	106.15	836.1	4	2.40	10.86	1.20	-0.20
	万源	32.04	108.02	674	1	2.39	13.62	2.49	0.33
	阆中	31.35	105.58	382.6	4	2.05	13.33	1.12	-0.03
	巴中	31.52	106.46	417.7	2	2.43	11.92	2.51	1.21
	达县	31.12	107.3	344.9	4	3.24	16.19	1.76	-0.09
	遂宁	30.3	105.33	355	1	2.62	10.62	2.10	0.00
	南充	30.47	106.06	309.7	3	2.76	6.77	5.98	0.52
	叙永	28.1	105.26	377.5	3	2.75	7.50	5.24	0.40
贵州	威宁	26.52	104.17	2 237.5	1	1.54	18.46	1.68	0.58
	盘县	25.43	104.28	1 800	4	2.40	13.37	1.10	-0.25
	桐梓	28.08	106.5	972	4	1.80	15.13	1.02	-0.03
	习水	28.2	106.13	1 180.2	1	2.60	8.85	1.50	-0.21
	毕节	27.18	105.17	1 510.6	4	2.94	9.38	1.38	-0.23
	思南	27.57	108.15	416.3	4	2.00	9.69	1.14	-0.03
	铜仁	27.43	109.11	279.7	5	2.41	9.29	2.44	-0.02
	安顺	26.15	105.54	1 431.1	1	2.61	11.24	2.52	0.20
	贵阳	26.35	106.44	1 223.8	4	2.75	11.88	1.42	-0.14
	凯里	26.36	107.59	720.3	1	1.67	8.82	1.37	0.03
	都匀	26.19	107.32	969.1	3	1.59	8.91	2.40	0.23
	三穗	26.58	108.4	626.9	4	1.48	9.34	0.79	-0.16
	兴义	25.26	105.11	1 378.5	3	2.65	10.19	7.92	0.83
	罗甸	25.26	106.46	440.3	4	1.66	15.61	0.92	0.10

表 A.4（续）

省份	站 名	纬度(°)	经度(°)	海拔(m)	概率模型	标准差(m/s)	模型系数 ξ (ξ)	模型系数 α (β)	模型系数 k (α)
云南	德钦	28.29	98.55	3 319	4	2.35	16.22	0.97	-0.33
	贡山	27.45	98.4	1 583.3	4	2.79	11.08	1.24	-0.27
	中甸	27.5	99.42	3 276.7	4	1.18	18.99	0.66	-0.01
	维西	27.1	99.17	2 326.1	4	2.11	12.85	1.13	-0.15
	昭通	27.21	103.43	1 949.5	3	3.57	8.40	5.89	0.29
	怒江	25.52	98.51	5 910	4	1.25	19.71	0.68	-0.15
	丽江	26.52	100.13	2 392.4	1	2.38	13.33	2.35	0.24
	华坪	26.38	101.16	1 244.8	1	2.96	16.55	2.91	0.22
	会泽	26.25	103.17	2 110.5	5	3.64	15.34	3.61	0.03
	宣威	26.35	104.52	1 815.9	5	1.74	12.42	1.68	-0.24
	腾冲	25.01	98.3	1 654.6	2	1.58	10.36	1.61	0.00
	保山	25.07	99.11	1 652.2	1	1.38	12.26	1.43	0.33
	大理	25.42	100.11	1 990.5	4	3.20	23.93	1.68	-0.09
	元谋	25.44	101.52	1 120.6	3	2.59	13.16	4.55	0.34
	楚雄	25.02	101.33	1 824.1	1	3.54	11.17	3.71	0.35
	昆明	25	102.39	1 886.5	3	2.18	17.45	3.93	0.36
	沾益	25.35	103.5	1 898.7	5	2.26	14.45	2.24	-0.17
	瑞丽	24.01	97.51	776.6	5	2.26	12.52	2.22	-0.21
	景东	24.28	100.52	1 162.3	5	1.70	8.38	1.47	-0.48
	安宁	24.57	102.37	2 358.3	4	3.47	20.47	1.85	0.11
	玉溪	24.2	102.33	1 716.9	3	2.36	12.20	3.32	0.18
	泸西	24.32	103.46	1 704.3	1	1.43	14.08	1.41	0.23
	耿马	23.33	99.24	1 104.9	4	3.01	9.28	1.17	-0.36
	临沧	23.53	100.05	1 502.4	4	2.13	11.66	1.08	-0.15
	澜沧	22.34	99.56	1 054.8	4	1.61	11.84	0.83	-0.18
	景洪	22	100.47	582	1	1.57	10.52	1.55	0.23
	思茅	22.47	100.58	1 302.1	2	1.95	9.52	2.00	0.82
	元江	23.36	101.59	400.9	4	1.51	17.97	0.81	-0.07
	勐腊	21.29	101.34	631.9	4	2.53	10.31	1.29	-0.13
	江城	22.35	101.51	1 120.5	1	2.52	9.02	1.80	-0.08
	蒙自	23.23	103.23	1 300.7	4	1.60	16.83	0.84	-0.13
	屏边	22.59	103.41	1 414.1	1	1.62	10.04	1.60	0.27
	广南	24.04	105.04	1 249.6	3	1.91	14.70	4.03	0.50

表 A.4（续）

省份	站　名	纬度(°)	经度(°)	海拔(m)	概率模型	标准差(m/s)	模 型 系 数		
							$\xi\ (\xi)$	$\alpha\ (\beta)$	$k\ (\alpha)$
西藏	葛尔	32.3	80.05	4 278.6	3	2.76	13.67	11.45	1.20
	班戈	31.23	90.01	4 700	4	3.07	19.10	1.62	-0.13
	安多	32.21	91.06	4 800	4	3.41	24.41	1.49	-0.29
	那曲	31.29	92.04	4 507	4	2.59	22.72	1.44	-0.04
	日喀则	29.15	88.53	3 836	3	2.74	9.69	4.00	0.20
	拉萨	29.4	91.08	3 648.9	5	1.93	11.01	1.91	-0.17
	泽当	29.15	91.46	3 551.7	1	3.34	11.49	2.37	-0.08
	江孜	28.55	89.36	4 040	1	2.12	25.11	2.20	0.29
	隆子	28.25	92.28	3 860	1	1.73	19.72	1.66	0.19
	索县	31.53	93.47	4 022.8	4	2.99	19.13	1.42	-0.19
	昌都	31.09	97.1	3 306	3	1.73	8.58	4.15	0.61
	林芝	29.4	94.2	2 991.8	3	4.73	6.74	13.58	0.78

条文说明

本规范采用了广义极值分布、广义逻辑分布、广义帕累托分布、广义正态分布与皮尔逊Ⅲ型分布五种概率模型进行极值风速分布拟合，概率分布模型的表达式分别见式（A-1）～式（A-11）：

1　广义极值分布（*Generalized Extreme Value Distribution*，*GEV*）

$$f(x) = \frac{1}{\alpha} e^{-(1-k)y - e^{-y}} \quad (A\text{-}1)$$

$$F(x) = e^{-e^{-y}} \quad (A\text{-}2)$$

式中：

$$y = -\frac{1}{k}\ln\left(1 - k\frac{x-\xi}{\alpha}\right) \quad (k \neq 0) \quad (A\text{-}3)$$

2　广义逻辑分布（*Generalized Logistic Distribution*，*GLO*）

$$f(x) = \frac{1}{\alpha e^{(1-k)y}(1 + e^{-y})^2} \quad (A\text{-}4)$$

$$F(x) = \frac{1}{1 + e^{-y}} \quad (A\text{-}5)$$

3　广义帕累托分布（*Generalized Pareto Distribution*，*GPA*）

$$f(x) = \frac{1}{\alpha e^{(1-k)y}} \quad (A\text{-}6)$$

$$F(x) = 1 + \frac{1}{e^y} \quad (A\text{-}7)$$

4 广义正态分布（Generalized Normal Distribution，GNO）

$$f(x) = \frac{e^{ky-\frac{y^2}{2}}}{\alpha\sqrt{2\pi}} \qquad (A\text{-}8)$$

$$F(x) = \Phi(y) \qquad (A\text{-}9)$$

5 皮尔逊Ⅲ型分布（Pearson Type III Distribution，PE3，P-III）

$$f(x) = \frac{1}{\beta^\alpha \Gamma(\alpha)}(x-\xi)^{\alpha-1}e^{-\frac{(x-\xi)}{\beta}} \qquad (A\text{-}10)$$

$$F(x) = \frac{1}{\beta^\alpha \Gamma(\alpha)}\int_\xi^x (x-\xi)^{\alpha-1}e^{-\frac{(x-\xi)}{\beta}}\mathrm{d}x \qquad (A\text{-}11)$$

式中，ξ、α、k 分别为位置参数、尺度参数和形状参数，在皮尔逊Ⅲ型分布中，ξ、β、α 分别为位置参数、尺度参数和形状参数。

附录 B 桥址风观测基本要求

B.1 一般原则

B.1.1 对风作用敏感的重要桥梁，当桥址地形复杂或缺乏可利用的风速记录时，可通过在桥址处建立观测站获取桥址风参数。

B.1.2 应采取必要的措施保障观测期仪器设备正常工作。

条文说明

风观测仪器设备一般需要长期供电。由于仪器设备野外工作环境恶劣，会受到腐蚀、雷击、强风等不利环境作用，因此在观测期内，仪器设备的避雷、耐久性保障，以及持续供电措施等是十分重要的。

B.1.3 风观测塔及风速仪的连接结构应具有足够的刚度。

条文说明

风观测仪器设备连接在风观测塔或相应固定装置上。如果风观测塔自身或风速仪固定装置刚度不足，测量得到的风速数据则会掺杂由于变形和振动引起的伪数据。

B.1.4 桥位风观测应符合现行《地面气象观测规范 风向和风速》（GB/T 35227）的相关要求或规定。

B.1.5 风观测塔位置及风观测高度的选择宜结合桥位地形地貌与主桥桥面高度等因素确定。

B.1.6 风速仪的布设应避免在主导风向下受观测塔自身或其他建筑物的干扰影响。

B.2 风观测周期、测点、测试内容

B.2.1 桥址处风观测周期不宜小于两年。

B.2.2 风观测仪器设备的布设位置、高度宜根据观测目的来确定，风速剖面观测的观测层不宜少于4层。

条文说明

苏通长江大桥在桥位南岸建设了1座75m高的风观测塔，观测测点高度分别为10m、30m、50m、70m。泰州长江大桥在桥位设立了60m高的观测塔，观测测点高度分别为10m、30m、50m、60m。山西临猗黄河大桥在桥位设立了80m高的观测塔，观测测点高度分别为10m、30m、50m、80m。

B.2.3 风观测内容应包括风速、风向等，用于测量平均风速与风向的风速仪其采样频率不应小于1Hz，用于观测脉动风特性的风速仪其采集频率不应小于10Hz。

B.3 风观测数据分析

B.3.1 风观测数据有效率不宜小于95%，资料完整率不宜小于98%；在出现数据缺失时，可通过同时段其他观测设备所采集的数据经过相关性分析后进行数据插补修正。

条文说明

如风速仪A缺失数据，而同时段风速仪B采集到有效数据，此时可对仪器A、B的实测日平均或日最大风速数据进行相关分析，在通过相关性检验后，建立风速仪A和B的数据比值关系，则风速仪A的缺测数据可以采用风速仪B的同期数据作为参照进行插补。

B.3.2 风观测数据分析应主要包括风速、风向、风攻角、地表粗糙度系数、紊流强度、阵风系数、风速谱等，并以大风条件下统计分析结果作为设计参数取用。

条文说明

风速的统计分析包括平均风速、极大风速和10min平均最大风速。风向主要以风玫瑰图的形式给出，图B-1即为风玫瑰图分析结果示意图。大风天数为反应桥位是否大风频发的统计参数，一般用一段时间内（如1年）超过某一风速的发生天数来表示。表B-1即为某观测报告给出的7级以上大风天数统计表。地表粗糙度系数由不同高度所观测的平均风速通过拟合得到，并由大风条件下的数据统计获取。表B-2为某跨江大桥地表粗糙度系数实测分析结果。紊流强度和阵风因子具有很高的离散性，由强风条件下紊流强度的渐近趋势拟合获取，图B-2为紊流强度与平均风速的关系示意图。

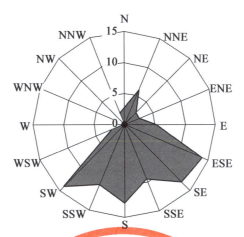

图 B-1 风玫瑰图分析结果示意图

表 B-1 某测站观测 7 级以上大风天数

测点	高度(m)	4月	5月	6月	7月	8月	9月	10月	11月	12月	1月	2月	3月	全年	最长持续日数
A	10	6	7	6	2	7	4	4	9	6	12	9	8	77	5
	20	5	4	6	3	9	5	5	12	6	13	10	9	87	5
	40	7	5	9	5	10	6	6	12	6	13	11	11	101	6
	60	7	4	6	5	9	5	5	11	6	12	10	9	89	5
B	20	2	3	3	1	4	1	2	1	0	0	1	1	19	6

表 B-2 某桥位地表粗糙度系数 α_0 统计结果

风偏角		偏北向	偏南向	偏东向	偏西向
全样本	平均值	0.093	0.192	0.141	0.169
	回归值	0.088	0.171	0.134	0.155
≥5m/s	平均值	0.092	0.182	0.129	0.166
	回归值	0.082	0.166	0.134	0.158

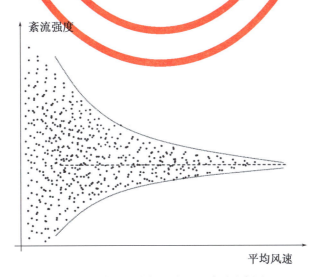

图 B-2 紊流强度与平均风速关系示意图

B.3.3 桥梁设计基本风速 U_{s10} 可根据桥位处风观测数据与附近气象站的同期风速数据的相关性，并利用气象台站的长期风速数据推算得到。

条文说明

由于风观测时间较短，短时间的数据难以反映地区长期的风特性规律，因此观测站的风速与附近气象台站风速数据的相关性分析显得尤其重要。在苏通长江大桥的风速确定过程中，利用风观测的数据与常熟、南通的气象台站的同期数据进行了相关性分析，两者数据之间具有很好的相关性。表B-3给出了苏通长江大桥的相关性分析结果及最终采用的相关性推算公式，给出的相关公式已考虑了99.7%的数据保证率。在获得相关性公式基础之上，利用气象台站的数据，将测站的数据订正延长，得到桥位年最大风速序列，最后在该序列的数据上通过统计分析获得了桥梁的设计基本风速。

表B-3　苏通长江大桥各测站日最大风速（≥5m/s）之间的相关分析结果

项　目	相关关系式	相关系数	剩余方差	样本数
江面观测站（Y）与南通（X）	$Y = 3.763 + 1.173X$	0.609	1.982	446
江面观测站（Y）与常熟（X）	$Y = 3.662 + 1.186X$	0.598	2.030	436
江面观测站（Y）与南通（X_1）及常熟（X_2）	$Y = 2.805 + 0.701X_1 + 0.632X_2$	0.645	1.912	376
实际采用相关公式	$Y = 8.540 + 0.701X_1 + 0.632X_2$	采用3σ原则		

附录 C 风洞试验要求

C.1 一般规定

C.1.1 桥梁结构或构件可在风洞中进行静气动力试验、节段模型振动试验、桥塔模型试验、全桥气动弹性模型试验、地形风环境模型试验和桥面行车风环境试验，据此检验其抗风性能，获取相关的气动参数和风参数。

C.1.2 风洞试验宜在可模拟大气边界层的风洞中进行。

C.1.3 试验模型应设置在风洞试验段的有效试验区内，在沿风洞轴线方向模型长度的中心断面上测量，空置的风洞应具备下列流场特性：
1 在常用试验风速下，风速分布相对于平均风速的偏差宜小于2%。
2 试验来流方向与风洞轴线的夹角中的俯仰角$|\alpha|$宜小于$0.5°$，偏航角$|\beta|$宜小于$1.0°$。
3 在常用试验风速下，紊流强度宜小于2%。
4 风洞试验段的进口及出口方向各1m范围内，风速的轴向静压梯度宜小于0.01/m。

C.1.4 进行模拟自然风特性条件下的风洞试验时，如桥位有风观测资料，应按基于此风速资料得到的风速剖面、功率谱密度函数、紊流强度剖面、紊流尺度等风参数进行风场模拟。当桥位处无风观测资料时，风场模拟可遵循下列原则：
1 风速剖面可按本规范第4.2.6条取值。地表粗糙度系数α_0的容许偏差为± 0.01。
2 脉动风速在水平顺风向及竖直向的功率谱密度函数可按式（C.1.4-1）和式（C.1.4-2）取值：

$$\frac{nS_u(n)}{u_*^2} = \frac{200f}{(1+50f)^{5/3}} \quad (C.1.4-1)$$

$$\frac{nS_w(n)}{u_*^2} = \frac{6f}{(1+4f)^2} \quad (C.1.4-2)$$

$$f = \frac{nZ}{U(Z)} \quad (C.1.4-3)$$

$$u_* = \frac{KU(Z)}{\ln\dfrac{Z-z_d}{z_0}} \qquad (C.1.4\text{-}4)$$

$$z_d = \overline{H} - z_0/K \qquad (C.1.4\text{-}5)$$

式中：$S_u(n)$——脉动风的水平顺风向功率谱密度函数；

$S_w(n)$——脉动风的竖直方向功率谱密度函数；

n——风的脉动频率（Hz）；

u_*——风的摩阻速度，亦称剪切速度（m/s）；

K——无量纲常数，$K \approx 0.4$；

Z——离开地面或水面以上的高度（m）；

$U(Z)$——高度 Z 处的平均风速（m/s）；

$\overline{H}$——周围建筑物平均高度（m）；

z_0——地表粗糙高度（m），参见表 4.2.1。

3 来流顺风向脉动风速 u 的设计紊流强度 I_u 的平均值可按本规范第 4.3.1 条确定。紊流强度的变化范围宜在 ±30% 内。脉动风速 u 的横向及垂直向的紊流尺度 L_x^u 与 L_y^u 可按表 C.1.4 选取。

表 C.1.4 脉动风速 u 的横向及垂直向紊流尺度基准值

高度（m）	紊流尺度（m）	
	L_x^u	L_y^u
$Z \leq 10$	50	20
$10 < Z \leq 20$	70	30
$20 < Z \leq 30$	90	40
$30 < Z \leq 40$	100	50
$40 < Z \leq 50$	110	50
$50 < Z \leq 70$	120	60
$70 < Z \leq 100$	140	70
$100 < Z \leq 150$	160	80
$150 < Z \leq 200$	180	90

条文说明

紊流积分尺度表征了气流中漩涡平均尺寸。对应于与顺风向、横向与垂直向的脉动风速分量 u、v 和 w 有关的漩涡三个方向，一共有 9 个紊流积分尺度。例如 L_x^u、L_y^u 和 L_z^u 分别表示来流顺风向脉动风速有关的漩涡纵向、横向与垂直向的平均尺寸。如 L_x^u 在数学上定义为：

$$L_x^u = \frac{1}{\sigma_u^2} \int_0^\infty R_{u_1 u_2}(x)\,\mathrm{d}x \qquad (C\text{-}1)$$

式中：$R_{u_1 u_2}(x)$——两个纵向脉动风速分量 $u_1 \equiv u(x_1, y_1, z_1, t)$ 与 $u_2 \equiv u(x_2, y_2, z_2, t)$ 的互协方差函数；

σ_u——u_1（和 u_2）的均方根。

C.1.5 桥梁风洞试验模型宜满足表 C.1.5 的规定。

表 C.1.5 桥梁风洞试验模型要求

模型要求	试验种类		桥塔模型试验	全桥气动弹性模型试验
	节段模型试验			
	静气动力试验	节段模型振动试验		
模型缩尺比例	≥1/80		≥1/200	≥1/300
模型宽度/有效试验区高度	闭口试验段：≤0.4 开口试验段：≤0.2		≤0.2 （模型宽度指塔柱间隔）	—
模型长度/模型宽度	闭口试验段：>2 开口试验段：>3		—	—
风洞阻塞率	≤5%			

C.2 静气动力试验

C.2.1 静气动力试验的模型与实桥间应满足几何外形相似，并在模型两端设置端板或补偿模型。设置端板时，应考虑作用在端板上及模型支撑装置上的气动力修正。设置补偿模型时，补偿模型与测力模型的间隔宜小于 1mm，且补偿模型应具有足够长度，并应进行测力模型支撑装置的气动力修正。

C.2.2 主梁静气动力试验的风攻角变化范围宜为 $-10° \sim +10°$，攻角变化步长应取 1°。

C.2.3 应选用两个不同风速进行主梁静气动力试验。

C.2.4 变截面构件的静气动力试验宜进行分段测试，补偿段模型应具有足够长度；并列构件应考虑上下游构件的相互影响。

条文说明

变截面构件的测力试验，需要考虑被测段上下游构件、相邻构件的气动力影响，一般通过被测段与补偿段同时试验的方式进行。补偿段的作用是考虑相邻构件对被测构件的气动力影响。被测段模型与测力天平相连接，补偿段模型与被测段模型相互独立，图 C-1 为分段测力试验原理图。

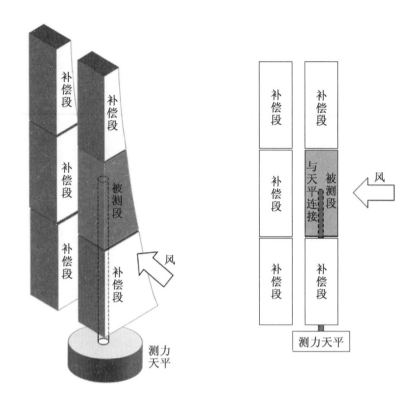

图 C-1　分段测力试验原理示意图

C.2.5　桥塔构件静气动力试验应考虑风偏角的影响，风偏角变化范围宜为 0°~180°，风偏角变化步长不宜大于 15°，且在横桥向与顺桥向附近 30°范围内不宜大于 5°。

C.3　节段模型振动试验

C.3.1　节段模型振动试验应保证构件的二元流动特性，采用弹簧悬挂节段模型装置和强迫振动模型装置。

条文说明

　　节段模型振动试验中二元流动特性的保证是很重要的，图 C-2 给出了端部三维绕流与断面二维绕流示意图。一般来说当模型长宽比大于或等于 4 时，端部三维绕流所引起的气动力对整个模型上的气动力影响较小，可以不设置端板；当模型长宽比小于 4 时可以通过设置端板的方式保障节段模型的二元流动特性。

　　节段模型振动试验可以获得颤振临界风速、涡激共振起振风速与振动振幅；紊流场中的节段模型振动试验可以测试模型的抖振响应。节段模型一般模拟两个方向的自由度，即竖向振动与扭转振动；也可增设水平向弹簧模拟侧向振动自由度。图 C-3 为弹簧悬挂的节段模型示意图，图 C-4 为强迫振动法节段模型振动试验示意图。

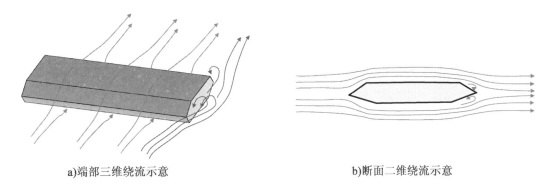

a) 端部三维绕流示意

b) 断面二维绕流示意

图 C-2　端部三维绕流与断面二维绕流示意图

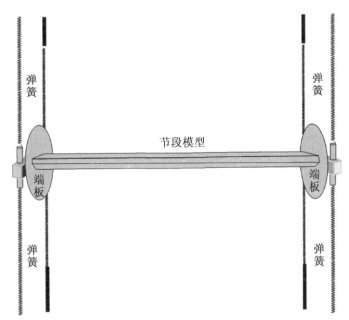

图 C-3　弹簧悬挂的节段模型示意图

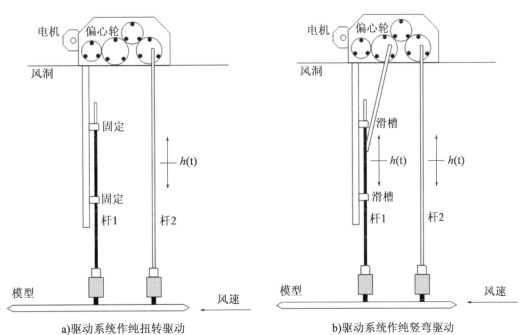

a) 驱动系统作纯扭转驱动

b) 驱动系统作纯竖弯驱动

图 C-4　强迫振动法节段模型振动试验示意图

C.3.2 模型应满足几何外形相似,且弹性参数 $m/\rho b^2$、$I_m/\rho b^4$,惯性参数 $U/f_b b$、$U/f_t b$ 以及阻尼参数 ζ_s 应满足一致性条件,其中悬索桥和斜拉桥的质量 m 与质量惯性矩 I_m 应为计入全桥共同作用的等效质量和等效质量惯性矩。

C.3.3 试验应根据测试目的分别在均匀流场和紊流场中进行,在紊流场中的试验宜满足紊流强度的相似条件。

C.3.4 节段模型振动试验条件应符合表 C.3.4 的要求。

表 C.3.4 节段模型振动试验参数的允许偏差

参 数	质 量	质量惯性矩	频 率	阻 尼 比
偏差允许值	±3%	±3%	±3%	±10%

C.3.5 采用强迫振动法试验时应符合表 C.3.5 的要求。

表 C.3.5 强迫振动法试验节段模型参数的允许偏差

参 数	质 量	质量惯性矩	驱动振幅		强迫振动频率
			竖向振幅	扭转振幅	
偏差允许值	±3%	±3%	(0.01~0.02)B	1°~5°	±3%

条文说明

强迫振动法是一种驱动节段模型作纯扭转、纯竖向或纯侧向等运动并通过直接测定颤振自激力获取颤振导数的试验方法。一般常用 8 个颤振导数来描述由于气流与结构运动之间相互作用产生的自激升力和力矩,见式(C-2):

$$L_{se} = \rho U^2 B \left(KH_1^* \frac{\dot{h}}{U} + KH_2^* \frac{B\dot{\alpha}}{U} + K^2 H_3^* \alpha + K^2 H_4^* \frac{h}{B} \right)$$

$$M_{se} = \rho U^2 B^2 \left(KA_1^* \frac{\dot{h}}{U} + KA_2^* \frac{B\dot{\alpha}}{U} + K^2 A_3^* \alpha + K^2 A_4^* \frac{h}{B} \right)$$

(C-2)

式中:L_{se}——自激力升力(N/m);
M_{se}——自激力扭矩(N·m²/m);
B——主梁的特征宽度(m);
α——扭转振动位移(rad);
h——竖向振动位移(m);
K——折算频率,取 $B\omega/U$,ω 为模态振动圆频率(rad/s);
H_i^*,A_i^*——颤振导数,为折算频率 U/fB 的函数。

颤振自激力一般通过直接测试气动力获取,也可通过测试表面压力并积分得到。图 C-5 为强迫振动法节段模型两个自由度振动原理示意图。

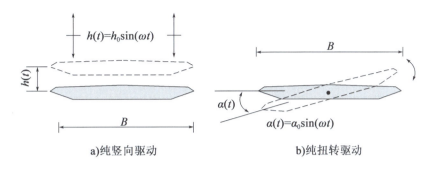

图 C-5　强迫振动法节段模型试验原理示意图

C.4　桥塔模型试验

C.4.1　对自立状态的桥塔可采用桥塔整体弹性模型或弹性支承刚体桥塔模型进行测振或测力试验。采用弹性支承刚体模型时，应根据实际振型对试验结果进行修正。

条文说明

桥塔结构风致振动响应以低阶振型贡献为主。当判断桥塔的风致振动以一阶弯曲振型为主时，可以采用弹性支撑刚体桥塔模型进行试验，此时，桥塔的振动位移是线性的，需要按照一阶弯曲振型的形状对振动响应进行修正。当判断桥塔的风致振动有多阶振型参与时，则须采用桥塔整体弹性模型进行试验。

C.4.2　模型与实桥间应满足几何外形相似，且弹性参数、惯性参数以及阻尼参数 ζ_s 应满足一致性条件。

条文说明

当采用整体弹性模型时，无量纲参数有：$\dfrac{\rho_s}{\rho}$，$\dfrac{EI}{\rho U^2 D^4}$，ζ_s。

当采用弹性支撑刚体模型时，无量纲参数有：$\dfrac{I_m}{\rho D^5}$，$\dfrac{U}{fD}$，ζ_s。

式中：I_m——结构或构件的质量惯性矩（kg·m²）；
　　　D——结构或构件的特征尺寸（m）；
　　　ρ_s——结构或构件的密度（kg/m³）。

C.4.3　模型与实桥间应满足几何外形相似，且整体弹性模型的无量纲参数或弹性支承刚体模型的无量纲参数及阻尼参数 ζ_s 应满足一致性条件。

C.4.4　桥塔模型试验应根据测试目的分别在均匀流场和紊流场中进行，在紊流场中的试验宜满足紊流强度的相似条件。

C.4.5 桥塔模型试验条件应符合表C.4.5的要求。

表C.4.5 桥塔模型试验参数的允许偏差

参 数	质 量	质量惯性矩	频 率	阻 尼 比
偏差允许值	±3%	±3%	±3%	±10%

C.5 全桥气动弹性模型试验

C.5.1 气动弹性模型与实桥间应满足几何外形相似，相似参数与模型缩尺比 $1/n$ 及试验风速比 $1/m$ 应按表C.5.1选取。桥梁结构或构件具有近流线型及圆形断面时，应考虑雷诺数的影响按气动力等效原则确定几何外形。

表C.5.1 全桥气动弹性模型的相似系数

参数名称	相似系数	缩尺比 悬索桥与斜拉桥[b]	缩尺比 梁桥、拱桥
长度	$C_L = L_m/L_p$ [a]	$1/n$	$1/n$
时间	$C_t = t_m/t_p$	$1/\sqrt{n}$	m/n
风速	$C_U = U_m/U_p$	$1/\sqrt{n}$	$1/m$ [c]
频率	$C_f = f_m/f_p$	$\sqrt{n}$	n/m
密度	$C_\rho = \rho_m/\rho_p$	1	1
单位长度质量	$C_M = M_m/M_p$	$1/n^2$	$1/n^2$
单位长度质量惯性矩	$C_I = I_{mm}/I_{mp}$	$1/n^4$	$1/n^4$
张力	$C_H = H_m/H_p$	$1/n^3$	$1/n^3$
拉伸刚度	$C_{EA} = (EA)_m/(EA)_p$	$1/n^3$	$1/m^2 n^2$
弯曲刚度	$C_{EI} = (EI)_m/(EI)_p$	$1/n^5$	$1/m^2 n^4$
自由扭转刚度	$C_{GI_d} = (GI_d)_m/(GI_d)_p$	$1/n^5$	$1/m^2 n^4$
翘曲扭转刚度	$C_{EI_\omega} = (EI_\omega)_m/(EI_\omega)_p$	$1/n^7$	$1/m^2 n^6$
结构阻尼（对数衰减率）	$C_\delta = \delta_m/\delta_p$	1	1

注：[a] 相似系数下标 m 和 p 分别代表模型和实桥。
[b] 不考虑拉索的振动特性影响时可采用右栏。
[c] 试验风速缩尺比 $1/m$ 值可在符合风洞条件的可能范围内选取。

C.5.2 全桥气动弹性模型试验应根据测试目的分别在均匀流场和紊流场中进行，紊流风场应符合本规范第C.1.4条规定，且当桥位地形复杂时应考虑地形影响或进行地形模拟。

C.5.3 全桥气动弹性模型试验条件应符合表 C.5.3 的要求。

表 C.5.3　全桥气动弹性模型试验参数的允许偏差

参　　数	质　　量	质量惯性矩	刚　　度	频　　率	阻尼值
偏差允许值	±3%	±3%	±4%	±5%	±30%

注：表中频率和阻尼值是指低阶模态对应的频率和阻尼值。

C.5.4 全桥气动弹性模型在均匀流场中宜进行 −3°、0°与 +3°三个风攻角工况的测振试验。

C.6　斜拉索风雨激振节段模型试验

C.6.1 拉索节段模型应满足几何外形相似，模型几何尺寸与风速缩尺比应按 1:1 选取，其他参数缩尺比按表 C.5.1 选取，风速范围 1～25m/s，雨量范围 0～14mm/h，风偏角 β 范围在 20°～60°变化，图 C.6.1 为拉索倾斜角 α 与风偏角 β 定义示意图。

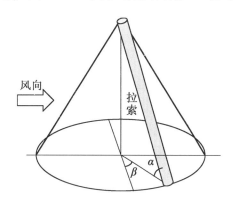

图 C.6.1　拉索倾斜角与风偏角定义示意

C.6.2 斜拉索风雨激振节段模型试验应根据测试目的分别在均匀流场和紊流场中进行，紊流风场应符合本规范第 C.1.4 条规定。

C.6.3 斜拉索风雨激振节段模型试验条件应符合表 C.6.3 的要求。

表 C.6.3　风雨激振节段模型试验参数的允许偏差

参　　数	质　　量	频　　率	阻　尼　比
偏差允许值	±3%	±5%	±10%

C.7　桥址风环境地形模拟试验

C.7.1 桥址风环境地形模型应模拟桥梁所在区域的主要地形特征。

C.7.2 试验主要风向应考虑桥轴线及主要构件的空间布置、桥址区的主导风向，风偏角变化步长不宜大于15°。

C.8 桥面行车风环境试验

C.8.1 桥面行车风环境模型应模拟影响桥面行车高度范围绕流的桥塔、桥头建筑、拱肋、桁架等构件及护栏、风障等桥面附属构件，以及其他影响桥面风环境的地形或构造物。

C.8.2 试验主要风向应考虑来流与桥轴线垂直，并结合桥位主导风向以及桥塔、桥头建筑、拱肋、桁架等外形的影响确定。

附录 D 虚拟风洞试验要求

D.1 一般规定

D.1.1 桥梁结构或构件可在虚拟风洞中进行静气动力试验、节段模型振动试验、桥塔模型试验、全桥气动弹性模型试验、桥址风环境地形模拟试验及桥面行车风环境试验等，据此检验其抗风性能、获取相关气动参数和风参数。

条文说明

虚拟风洞试验是利用计算流体力学基本原理，借助高性能计算平台建立的虚拟风洞，通过对地形、结构或构件模型的流场进行数值求解，来实现抗风性能检验及参数获取。

D.1.2 虚拟风洞试验应根据桥梁抗风性能试验需求，选择合适的数值模拟方法。

条文说明

虚拟风洞试验通常需进行求解方法、湍流模型的选取及相关参数的设置。桥梁结构或构件抗风性能研究的虚拟风洞试验求解方法包括有限单元法、有限差分法、有限体积法和无网格法等，实际应用中可由研究人员根据试验需求与自身能力等因素选取合适的求解方法。

湍流的模拟目前依然是虚拟风洞试验中较为复杂和较难把握的部分，尤其是桥梁结构或构件多为钝体，其周围的绕流场通常存在气流的分离、再附等复杂的湍流流动结构。求解方法及湍流模型通常包含多个参数，参数取值的不同会导致获得不同的数值求解结果。因此，在试验过程中，要根据模拟的对象、研究的目的和采用的计算方法，参考相关的研究资料，合理选用湍流模型及其相关参数。建议进行虚拟风洞试验的人员除具有桥梁抗风相关专业知识外，同时还需具备较为丰富的风洞试验及虚拟风洞试验经验，能够对试验结果的合理性进行专业的评判。

D.1.3 虚拟风洞试验所采用的数值模拟方法应通过已完成的风洞试验结果进行验证，其相对误差阻力系数不宜超过15%，颤振临界风速不宜超过20%，风速分布不宜超过10%。

条文说明

通过选取合适的求解方法、紊流模型及相关参数设置，虚拟风洞试验结果与风洞试验结果的相对误差目前基本能达到工程可接受范围。其中，风速分布的试验结果精确度最高；静气动力系数中的阻力系数相对精度次之，而升力系数及扭矩系数由于在风攻角较小情况下数值较小，虚拟风洞试验与风洞试验结果可能会出现较大偏差，故暂未对其误差做明确要求；虚拟风洞颤振试验无论是通过强迫振动法获取颤振导数推算颤振临界风速，还是通过自由振动法直接获取颤振临界风速，都需处理流固耦合的问题，其网格的划分、流场的分布相对更为复杂，故相对误差略大。

案例1：桥梁断面静力三分力试验

苏通长江大桥主梁采用钢箱梁方案，断面布置尺寸如图D-1所示；在虚拟风洞试验中，考虑了栏杆、防撞护栏、检修车轨道等附属结构，模型断面如图D-2所示；流场网格划分如图D-3所示；计算选用参数见表D-1；虚拟风洞试验结果见表D-2。

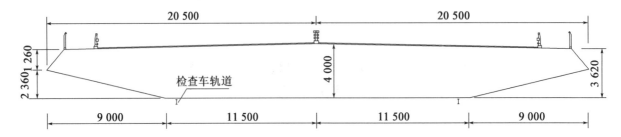

图 D-1　断面布置尺寸图（尺寸单位：mm）

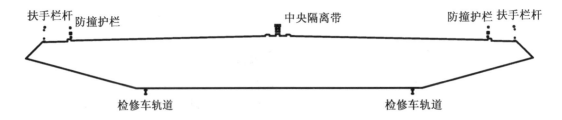

图 D-2　断面外形示意图

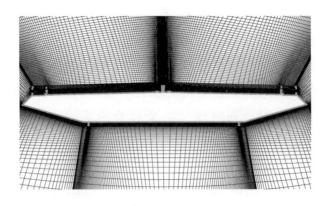

图 D-3　断面流场网格划分示意图

表 D-1 计算方法及参数列表

计 算 方 法	有限体积法（FVM）
空间离散格式	二阶中心差分
时间离散格式	二阶完全隐式
压力、速度耦合	Simple 算法
紊流模型	标准大涡模型 SSGS（$C_s=0.1$）
网格数量	12 万左右
时间步长 Ct	$t=0.005\text{s}$
计算总时间	$T=50\text{s}$

表 D-2 断面静力三分力试验结果列表

风攻角（°）	阻力系数（C_D）		升力系数（C_L）		扭矩系数（C_M）	
	虚拟风洞	风洞试验	虚拟风洞	风洞试验	虚拟风洞	风洞试验
-5	0.994	1.018	-0.502	-0.454	-0.081	-0.071
-3	0.935	0.953	-0.436	-0.328	-0.014	-0.028
-1	0.891	0.925	-0.251	-0.188	0.037	0.012
0	0.881	0.911	-0.125	-0.107	0.047	0.028
+1	0.906	0.946	0.046	-0.014	0.055	0.045
+3	0.923	1.056	0.091	0.142	0.069	0.064
+5	1.347	1.229	0.368	0.231	0.071	0.069

注：阻力系数参考高度取梁高 4m，升力系数参考宽度取梁宽 41m。

案例 2：节段模型测振试验——强迫振动法

矮寨大桥主梁采用钢桁架形式，断面尺寸如图 D-4 所示，选取断面外形考虑特征位置处桁架的布置，以及栏杆、防撞护栏、检修车轨道等附属结构，模型断面如图 D-5 所示；流场网格划分如图 D-6 所示。利用强迫振动法识别的颤振导数后，通过颤振分析得到颤振临界风速为 51.8m/s，相应的风洞试验颤振临界风速为 52.5m/s。

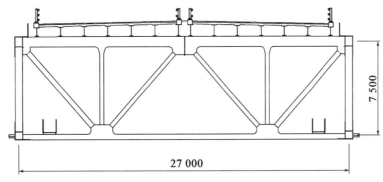

图 D-4 断面布置尺寸图（尺寸单位：mm）

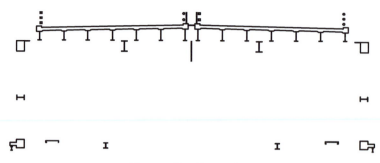

图 D-5　断面外形示意图

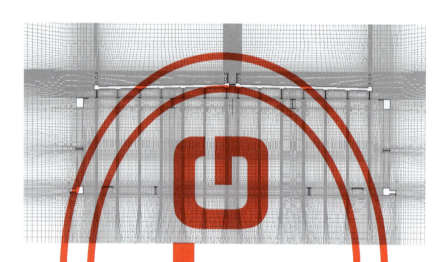

图 D-6　断面流场网格划分示意图

案例3：节段模型测振试验——自由振动法

大榭二桥主梁采用钢箱梁形式，断面尺寸如图 D-7 所示。选取断面外形，并考虑栏杆、防撞护栏、检修车轨道等附属结构，模型断面如图 D-8 所示；模型设计参数见表 D-3。利用自由振动法进行虚拟风洞试验，得颤振临界风速为 57.0m/s，相应的风洞试验得到的颤振临界风速为 54.8m/s。

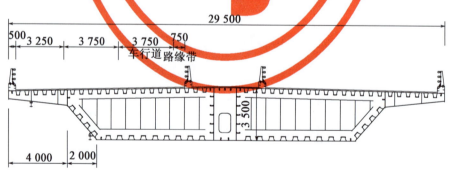

图 D-7　大榭二桥主梁截面图（尺寸单位：mm）

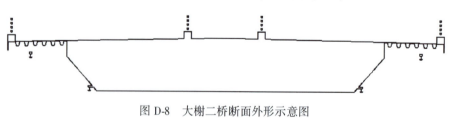

图 D-8　大榭二桥断面外形示意图

表 D-3　大榭二桥虚拟风洞试验模型设计参数列表

参 数 列 表	模　型	实　桥
几何缩尺比	1:29.5	
风速比	1:10	
桥面宽（m）	1	29.5
竖弯频率（Hz）	1.415 4	0.479 8
竖弯等效质量（kg）	23.797 8	20 710
扭转频率（Hz）	2.54	0.861
扭转等效惯性矩（kg·m²）	1.796 1	1 360 260
竖弯阻尼比（%）	0.5	0.5
扭转阻尼比（%）	0.5	0.5

D.1.4　虚拟风洞试验所建立的模型应满足几何外形、弹性参数、惯性参数、阻尼参数等相似原则，其相似原则可遵循本规范附录 C 风洞试验的相关要求。

条文说明

桥梁结构或构件的几何外形对结构的绕流形态起决定性影响，所建立的模型需与实际结构尽可能保持几何相似性。对桥梁结构或构件的模拟尽可能做到精细，需考虑护栏、检修车轨道等附属设施。

D.2　虚拟风洞试验区域和边界条件

D.2.1　虚拟风洞的计算域不宜小于表 D.2.1 规定的范围，同时几何模型在虚拟风洞中的阻塞比不应超过 5%。

表 D.2.1　虚拟风洞计算域范围

试验类型	入口至模型的距离	出口至模型的距离	两侧至模型的距离	顶底侧至模型的距离
静气动力试验/节段模型振动试验	5B	20B	5B	5B
桥塔模型试验	2H	10H	5B	3H
全桥气动弹性试验	10B	20B	10B	3H
地形风环境试验	5L 或 5B 取较大值	20L 或 20B 取较大值	2L 或 2B 取较大值	5H
桥面行车风环境试验	5B	20B	5B	3H

注：L、B、H 分别为模型长度、宽度和高度。

条文说明

确定计算域的基本原则是：入口位置要适当远离结构模型，避免模型的存在影响入口的风速；模型下游由于通常存在较强的气流漩涡或高强度紊流，因此出口位置应该尽可能远离模型，以减小出口位置受气流漩涡的影响，出口位置如果设置的不够远，则计算可能导致出口出现气流回流现象，与实际情况不符；计算域侧边的位置选取尽可能减少由于模型的存在而对整个虚拟风洞内气流产生较大阻塞影响。

D.2.2 虚拟风洞试验应施加合理的边界条件，设置合理的边界参数。

条文说明

虚拟风洞试验在计算域施加的边界条件，通常情况下入口为风的速度入口，出口为远场的压力出口，两侧为对称或滑移边界，桥梁结构或构件为壁面边界。所设置边界参数的合理性以减少边界对计算域内部物理量的非物理性影响为标准，如入口边界设置非正常的紊流度和紊流耗散率，可能获得不合理的非物理解，甚至导致求解不收敛。图 D-9 给出了节段模型虚拟风洞试验边界设置示意图。

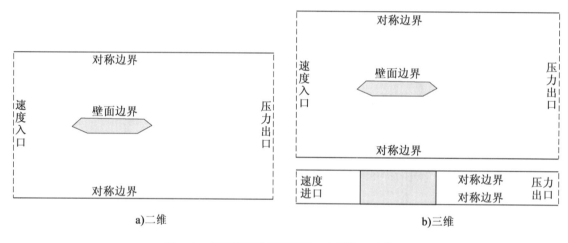

图 D-9　节段模型虚拟风洞试验边界设置示意图

D.2.3 风来流入口边界应满足试验风场要求，紊流场应满足紊流相似条件，可参考本规范第 C.1.4 条的规定。

条文说明

虚拟风洞试验的风速入口边界设置要与选择进行的试验内容相匹配，静气动力模型试验、节段模型振动试验通常设置入口边界为均匀来流，桥塔模型试验、全桥气动弹性模型试验、桥址风环境地形模拟试验及桥面行车风环境试验通常设置风速入口为对应地表类型的风速剖面。对于需要模拟来流紊流的试验条件，来流紊流还需满足紊流强度及紊流积分尺度等参数的相似条件。

D.2.4 进行虚拟风洞试验前，应校核空置风洞相应流场的入口、出口以及地面等边界条件的合理性，且应保证流动特性不随流向发生明显变化。

条文说明

虚拟风洞试验前需进行相应计算域的流场模拟，结合模拟结果，检查风速、风速剖面、紊流强度等气流特性在计算域内沿流动方向的变化情况，确保气流特性不随流向发生较为明显的变化；如发生较大变化，则需检查入口、出口及壁面等边界条件设置的合理性，以及边界对应的入口风速、紊流强度、出口压力梯度等参数设置的正确性。

D.3 网格划分

D.3.1 对采用网格数值求解的虚拟风洞试验，计算区域网格划分应遵循下列原则：
1 靠近结构或构件模型表面区域，应布置足够细密的网格。
2 包含细小构件的结构模型区域应进行网格加密。
3 模型附近区域应布置较为细密的网格。
4 远离模型区域可采用相对较粗的网格划分。

条文说明

基于有限单元法、有限体积法或有限差分法等方法求解的虚拟风洞试验结果受网格划分方案的影响较大，网格划分以不引入过大的数值误差为原则。一般来说，在桥梁结构或构件附近的核心流动区域，特别是主梁、桥塔外形转角处，气流一般会形成分离，网格要足够细密，以便试验能够分辨该区域可能存在的大梯度流场形态；靠近模型表面区域，气流在该区域会形成一层很薄的附面层，为提高该区域的求解精度，需布置足够细密的网格，通常不少于5层网格单元；在包含细小构件的结构模型区域，如桥面的栏杆、检修车轨道等附属结构，或是为提高桥梁结构抗风性能而增加的气动措施，该类构件通常尺寸相对主梁或桥塔较小，但其对结构的气动性能影响却不可忽略，因此网格的划分在该区域需要进行适当加密；流场域内随着逐渐远离模型区域，其周围流场与模型区域流场相互干扰逐渐减弱，为节省计算资源，提高计算效率，可均匀过渡到较粗的网格划分。图D-10为某钝体钢箱梁断面流场网格划分案例。

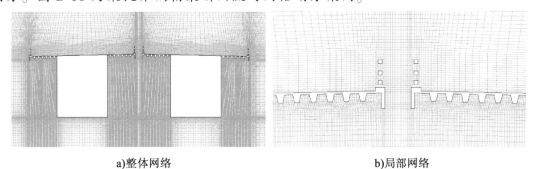

a) 整体网络　　　　　　　　b) 局部网络

图 D-10　钝体钢箱梁主梁断面流场网格划分

D.3.2 采用有网格数值求解方法时,邻近网格单元边长的增长比不宜大于1.2;网格单元的纵横比不宜大于5;扭曲率二维网格不宜大于0.2,三维网格不宜大于0.5。

条文说明

网格的划分质量对试验结果的收敛性及精度有较大影响。在虚拟风洞试验过程中,由于求解过程通过计算机完成,试验结果的整理也较为方便,因此为了获得更好的试验结果,试验人员应把主要工作和精力放在提高计算域网格划分的质量上。网格划分质量评估的方法与参数很多,不同数值方法、不同软件采用的网格质量评估标准也不尽相同。本条文选用较常使用的相邻网格边长增长比、网格纵横比及网格扭曲率作为评估标准。网格的纵横比是单元的最长边与最短边的比值,该数值越接近1则单元形状越理想。相邻网格边长增长比是两个共线或共面网格的边长变化比值,该数值越接近1越好,该参数保证网格的分布不会变化过于剧烈。网格扭曲率通常定义为:$\max\{(\theta_{max}-\theta_{eq})/(180-\theta_{eq}),(\theta_{eq}-\theta_{min})/\theta_{eq}\}$,其中$\theta_{max}$与$\theta_{min}$为单元各边形成的最大和最小夹角,$\theta_{eq}$为一个相似等边单元形状的特征角度,对于三角形和四面体单元取60°,对于四边形和六面体取90°。网格扭曲率越接近0表示单元形状越优,越接近1表示单元形状越差。

特别需要引起注意的是,通常计算域内存在少数几个的高扭曲率网格(扭曲率>0.95)即可能导致求解发散或整个流场求解结果不可信。相邻网格单元尺寸若超过1.2则可能会降低计算精度,残差不易收敛;网格单元的长宽比若超过5,易使离散方程刚性增加,迭代收敛减慢,甚至难于收敛。图D-11给出了三角形单元与四边形单元不同纵横比网格示意图;图D-12为相邻网格过渡均匀性示意图;图D-13给出了二维和三维网格不同扭曲程度示意图。

a)纵横比为1   b)高纵横比

图 D-11　网格纵横比示意图

a)单元过渡均匀   b)单元过渡剧烈

图 D-12　相邻网格边长示意图

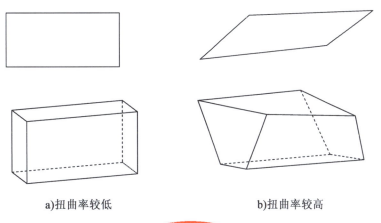

a) 扭曲率较低　　　　　　b) 扭曲率较高

图 D-13　网格单元扭曲率示意图

D.3.3 当使用有网格的数值方法求解气动弹性问题时，应采用能够考虑边界移动效应的动网格模拟技术，计算域的网格调整或重划分应与边界的移动相适应，且应满足本规范第 D.3.1 条和第 D.3.2 条的规定。

条文说明

当使用有网格的数值技术求解气动弹性问题时，桥梁结构在气动力作用下产生的相应位移将导致边界发生移动，使得已有的网格划分不能匹配边界移动后的计算域，此时需采用动网格技术来匹配移动后的边界。此时可将计算域内已有的网格在移动边界区域进行局部调整以适应新的边界；对于边界变化较大，局部网格难于调整适应新边界的情况，可考虑对计算域内的网格进行重划分。通常在结构或构件的表面区域，网格划分细密，边界的移动易导致网格的重划分产生过于尖锐夹角的网格，甚至网格翻转而出现负体积的网格，使得求解不易收敛或发散而无法获得满意的求解结果，实际操作中要注意检查网格重生成的质量，避免上述情况。图 D-14 给出了两种网格重生成质量不佳的示意图。

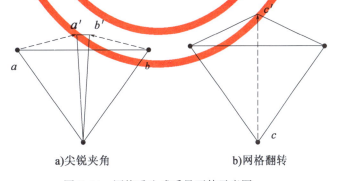

a) 尖锐夹角　　　　　　b) 网格翻转

图 D-14　网格重生成质量不佳示意图

D.4　数值求解

D.4.1 网格划分的合理性宜选择网格密度差异不小于 2 倍的两种划分方案进行检

验，并确保试验结果的差异不超过5%。

条文说明

保证网格的独立性对求解结果的正确性很重要，合理的不同网格划分方案对试验结果的差异性影响较小。通常做法是选择一个工况，在计算域首先采用较粗的网格进行初始网格划分，并进行数值求解；在此基础上对网格进行加密，可以以网格尺度缩小1倍的方式进行。求解后要求前后两次结果差异不超过5%，否则应对网格进一步加密求解，直到满足差异性不超过5%的要求。

D.4.2 数值求解宜采用二阶或以上精度的格式，并应保证结果的收敛性。

条文说明

数值求解的精度依赖所采用离散格式的精度，高阶格式求解的精度更高，但计算过程不易收敛；低阶格式求解的精度较差，但收敛快。通常的做法可先用一阶格式进行求解并收敛后，再利用一阶格式求解获得的流场作为起始流场进行二阶或以上的高阶格式的求解，以保证求解的精度和收敛性。收敛性的判断一般要求计算变量的相对残差不小于1×10^{-4}，以达到1×10^{-5}量级为佳。

D.4.3 求解气动弹性问题采用分离耦合迭代方法时，应保证时间步长内流场压力与结构模型边界位移等信息交换过程中变量的守恒。

条文说明

气动弹性问题的求解涉及流场域和结构域的耦合求解，是数值模拟领域较为复杂的问题。通常可采用的方法有两种：一是将流场方程和结构方程统一在一起进行求解，另一种是流场方程和结构方程分开求解。第一种方法直接同步求解获得流场及结构的结果，但由于流场和结构控制方程的建立方法不同，直接编写同步求解流场和结构耦合方程的程序较为困难，目前已有部分研究成果，但未普遍使用。第二种方法由于目前流场域和结构域的求解已经有非常成熟的程序，只需处理好流场域和结构域边界信息的交换即可较为容易地实现气动弹性问题的求解，因此该方法是目前结构领域求解气动弹性问题普遍采用的方法。由于流场边界和结构边界耦合区域单元的划分通常不完全一致，流场边界网格的划分通常较结构边界更为精细，因此在求解气动弹性问题时要注意保证每个时间步内流场与结构边界耦合处结果转换过程的平衡及协调，如边界位移、压力分布等。

D.5 虚拟风洞试验要求

D.5.1 静气动力试验、节段模型振动试验、桥塔模型试验、全桥气动弹性模型试验、地形风环境模型试验以及桥面行车风环境试验的模型与工况可根据抗风性能检验的需求参照本规范附录C确定。

D.5.2 地形风环境试验的模型范围宜包含周边气象站所在区域。

条文说明

地形风环境的虚拟风洞试验需要建立桥位一定范围内的地形地貌模型，该范围一般不小于10km。为了能够更好地分析桥位处的风参数，地形模型尽可能包含周边气象站所在区域，这样能够建立气象站风参数与桥位处风参数的相关性，充分使用气象站多年的风参数观测资料，从而更全面合理地评估桥位处的风参数。

案例： 贵州赫章大桥桥址风速分布

贵州赫章大桥为毕威高速公路赫章段的一座跨河特大桥，地形风环境的虚拟风洞试验通过选取桥址附近20km范围的地形建立地形模型，且涵盖附近赫章气象站。通过地形风环境的虚拟风洞试验可得到桥址主梁高度位置风速与附近气象站10m高度处观测风速的修正系数为1.46，桥址地表类别为C类。图D-15为赫章大桥桥址风速剖面虚拟风洞模拟结果。

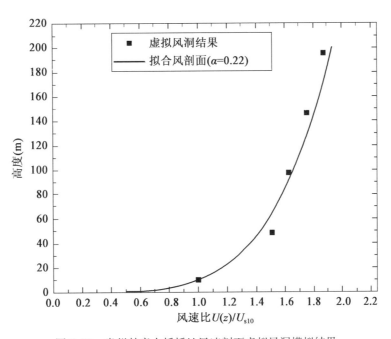

图 D-15 贵州赫章大桥桥址风速剖面虚拟风洞模拟结果

D.5.3 地形风环境试验中，对于地面植被或小尺度障碍物的模拟可进行适度简化，也可采用在流体控制方程附加源项的方式予以考虑。

条文说明

桥梁地形风环境试验主要关注桥位处的风参数分布，地面植被或小尺度障碍物受目前计算资源的限制，难于在地形模型中准确模拟，在确定对整体地形风环境影响不大的前提下可对地形表面进行光滑处理。如需要考虑地面植被或小尺度障碍物对地形风环境的影响，可采用一定的数学模型进行等效，通常做法是在流体控制方程中施加附加源项。

D.5.4 可利用空间等高线、等高点的位置信息，通过逆向工程获取复杂地形的空间模型。

条文说明

地形风环境的虚拟风洞试验首先需要建立地形表面的空间模型，现有的地形地理信息库通常无法直接提供地形的三维空间模型，一般以地形等高线或空间等高点的形式给出，此时可通过逆向工程原理，借助相关软件生成地形的空间三维模型。

本规范用词用语说明

1 本规范执行严格程度的用词,采用下列写法:
1)表示很严格,非这样做不可的用词,正面词采用"必须",反面词采用"严禁";
2)表示严格,在正常情况下均应这样做的用词,正面词采用"应",反面词采用"不应"或"不得";
3)表示允许稍有选择,在条件许可时首先应这样做的用词,正面词采用"宜",反面词采用"不宜";
4)表示有选择,在一定条件下可以这样做的用词,采用"可"。

2 引用标准的用语采用下列写法:
1)在标准总则中表述与相关标准的关系时,采用"除应符合本规范的规定外,尚应符合国家和行业现行有关标准的规定"。
2)在标准条文及其他规定中,当引用的标准为国家标准和行业标准时,表述为"应符合《××××××》(×××)的有关规定"。
3)当引用本标准中的其他规定时,表述为"应符合本规范第×章的有关规定"、"应符合本规范第×.×节的有关规定"、"应符合本规范第×.×.×条的有关规定"或"应按本规范第×.×.×条的有关规定执行"。